1위의 삶

당신도 1위가 될 수 있다!

1위의 삶

정준교 지음

상상력집단

PROLOGUE

"돈을 벌려면 영업을 해야지. 영업하면 돈은 많이 번대."

소위 따박따박 월급 받는 근로소득자는 안정적인 대신 큰돈을 벌진 못한다고 생각한다. 그래서 직장인들은 큰돈을 벌기 위해서는 사업이나 영업을 해야 한다고 생각한다. 하지만 그게 그리 녹록한 일은 아니다. 영업은 사업소득이다. 다시 말하면 매출을 내지 못한다면 월급이 없다는 말과 같다.

큰돈을 벌고 싶었던 나 또한 당연히 시간으로 돈을 버는 근로소득은 한계가 있다는 걸 깨달았고, 억대 연봉을 받는 세일즈맨을 부러워하며 겁 없이 영업 전선에 뛰어들었었다. 더 솔직하자면, 큰돈을 벌고 싶었던 지방대 출신인 나에게 억대 연봉을 줄 회사를 찾기란 힘들었기에 이 길을 선택했다는 말이 맞을 것이다. 당연히 사업 자금이 없었던 20대의 나에겐 맨손으로도 시작이 가능한 '영업'만이 정답이었고 유일한 길이었다.

2011년 4월 5일, 식목일답게 나는 영업 전선에 뿌리를 내렸고, 그 길에 첫발을 내디뎠다. 여기에 뿌리를 박고 죽기 살기로 영업을 해야지 하고 다짐을 했었고, 지금도 초심이 흔들릴 때 그날의 마음가짐을 새겨놓은 〈내 삶의 사명서〉를 가끔 보며 마음을 다잡기도 한다.

내 삶의 사명서

영업은 나의 천직이다.

난 나의 직업이 정말 자랑스럽다.

> 나 자신에게 거짓이란 없을 것이다.
>
> 잘못했다면 용서를 구하자.
>
> 내 삶의 모토는 긍정적인 마인드다.
>
> 책을 통한 지식은 보이지 않는 무기이다.
>
> 난 정말 행복한 사람이고 더 행복해질 것이다.
>
> 열정을 위해 항상 계획과 목표를 세울 것이다.
>
> 나에게 실패란 없다. 오직 경험만이 있을 뿐이다.
>
> 생각한 대로 살지 않으면 사는 대로 생각하게 된다.
>
> 향기로운 사람이 되자. 벌과 나비가 모여들 것이다.
>
> 나를 알고 있는 사람들에게 실망을 주지 않을 것이다.
>
> 나의 이미지를 잘 관리하자. 님도 되고 남도 될 수 있다.

스물아홉 살, 당시 비장했던 느낌이 물씬 풍기는 그때의 문구들을 지금 돌이켜 보니 완벽하지는 않지만 그래도 어느 정도는 꽤 실천하고 있다는 생각이 들어서 나 자신이 기특하다. 어쨌든 나는 이 책이 비법서까지는 아니더라도 초보 영업인들에게 이 길을 먼저 걸었던 성공한 영업인의 노하우를 배울 수 있는 시간이 되었으면 좋겠다. 그런 의미에서 영업의 길에 첫발을 내디딘 초보 영업인에게 세 가지를 당부하고 싶다.

첫 번째, 구체적인 목표를 정하라.

즉, '나는 이번 달 몇 건의 계약을 할 거야', '나는 올해 매출 3등 안에는 들 거야', '나는 올 연말에 내가 감당할 수 있는 금액의 차를 살 거야'와 같은 구체적인 목표를 세우라는 것이다. 그러면 그 목표를 달성하기 위한 방법을 고민하게 될 것이고 그러다 보면 어떻게든 이루게 된다는 것이다. 당시 나의 목표는 2011년 입사한 신입사원 중 1등을 하는 것이었다. 매일 그들의 실적을 조회하며 조금이라도 더 계약하기 위해 입사 후 1년 동안은 거의 매일 혼자 야근을 하며 회원권 분양 상품 내용을 숙지하고 예약 전산 노하우를 익혔다. 주말에도 회사에 나가 잘나가는 선배들의 영업 멘트와 마케팅 노하우를 어깨너머로 커닝하기도 했다.

그뿐만이 아니었다. 당시 유행했던 블로그도 매일매일 빠짐없이 포스팅했다. 매번 새로운 글과 사진들을 모아 창조해야 하는 이 일은 나에겐 고역과도 같은 일이었지만 묵묵히 그냥 했다. 너무나도 귀찮고 티 나지 않는 일이었지만, 언젠가 찾아올 목표 달성의 그날을 위해 참고 또 참으며 업로드했던 기억이 난다. 또한, 비싼 신문광고도 내며 투자를 아끼지 않았고, 온라인 키워드 광고도 무료든 유료든 일주일에 한 번씩 수시로 교육을 들으며 온라인 마케팅은 어떻게 하는지도 심도 있게 공부했다. 용어도 어렵고 내 전공이 아니라 무슨 말인지 이해하기 힘들었지만, 뭐든 내게 피가 되고 살이 된다는 마음으로 견디며 공부했다. 그 결과, 처음에 목표로 잡았던 '2011년 신입사원 전체 매출 1등'이라는 타이틀을 그해 연말에 거머쥘 수 있었다.

두 번째, 나의 소득이 매달 같을 수 없다는 걸 빨리 인식하라.

이미 사업이 잘 되는 사람이나 안정적인 직장을 다니는 사람이 갑자기 영업을 선택하는 일은 많지 않다. 이 말인즉슨 영업직은 경제적으로 매우 힘들거나 큰돈을 벌고 싶은 사람들이 주로 선택하는 직업이라는 의미다. 그래서 단순히 영업을 잘하는 사람들만 보고 본인도 한방의 계약을 통해 큰 수익을 얻고 싶어 한다. 그리고 근무시간이 비교적 자유롭고 사람을 상대하는 일이라 의외로 재미있을 것이라고 생각하는 사람들도 은근 많다. 실제로 대부분의 영업 조직은 특별한 시스템이 없으며, 시간이 많은 게 사실이다. 하지만 그만큼 시간 관리를 잘하는 것이 중요하며 자칫하면 고생은 고생대로 하다가 수입은 0원이 되는 끔찍한 상황이 발생하기도 한다. 그렇기에 일을 잘하든 못하든 월급이 매달 정확한 날에 통장에 꽂히는 직장인보다 더 많은 노력을 해야 하는 것은 당연하다. 수익이 높은 만큼 리스크도 당연히 크지 않겠는가.

직장인 월급이 평균 300~400만 원이라면 프리랜서 신분의 영업인은 최소 2배 이상은 벌어야 다음 달 0원이 될 수도 있는 불안정한 빈 통장을 대비할 수 있다. 처음 영업을 시작하는 사람들은 수당이 큰 계약을 하게 되면 마치 앞으로도 비슷한 돈을 계속 벌 수 있을 거라는 착각에 빠진다. 마치 보장되어 있는 것처럼 말이다. 게다가 친구나 지인에게 수입에 대해 자랑을 하고 싶어지기도 한다.

사실 내가 신입사원 시절 그랬다. 영업 2년 차에 몇억짜리 계약 몇 건을 큰 노력 없이 하게 된 적이 있었다. 처음으로 한 달에 천만 원이 넘는 소득이 생기니 씀씀이가 커지기 시작했다. 돈 쓰는 재미에 빠졌던 나는 얼마 지나지 않아 매너리즘에 빠졌고 뒤이어 슬럼프가 찾아왔다. 그렇게 몇 달간 계약이 없자 부모님께 손을 벌리게 될 정도로 경제적 쪼들림이 찾아왔다. 그때 다시 멘탈을 잡고 영업에 매진하는 게 굉장히 힘들었던 기억이 있다. 영원한 건 절대 없다. 7년 연속 1위 타이틀을 가진 현재도 잊지 않는 말이다.

세 번째, 지인을 통해 받은 계약은 더 신경 쓰고 반드시 보답하라.

우리는 어떤 영업을 하든 간에 주변 가족이나 지인들이 나를 도와줄 거라는 착각, 아니 확신을 한다. 하지만 그들이 왜 나를 도와줘야 하는가? 그럴 이유가 전혀 없다. 그러면 어떻게 해야 나와 더 좋은 관계가 되어 나의 계약을 도와주거나 그들을 통해 소개를 받을 수 있을까? 영업은 구걸이 아니다. 도움받을 생각을 하기 전에 내가 그 사람을 먼저 도와줄 수 있는 사람이 되어야 한다. 예를 들어 내가 도움을 받고 싶은 상대방이 사업을 한다면 어떤 방향으로 도와줘야 하는지, 어떤 사람을 소개해 줘야 하는지 관심 있게 챙겨보며 내가 먼저 도움을 줄 수 있는 존재가 되도록 노력하는 것이다. 또 상대방의 취미나 관심사들을 잘 파악하여 도움이 될만한 정보를 전해준다면 얼마나 감동하겠는가. 비싸지 않더라도 나의 노력으로 상대방이 감동할 수 있을 만한 것이면 뭐든 좋다. 그렇게 내가 먼저 도움을 준다면 그들은 자연스럽게 나를 돕게 될 것이다.

영업, 생각하기에 따라 쉬울 수도, 어려울 수도 있다. 하지만 명심해야 할 것이 있다. 죽을 각오가 아니면 시작하지도 말라는 것이다. '사즉생(死卽生) 생즉사(生卽死)'라고 충무공 이순신 장군님이 하신 말씀이 있다. "죽기를 각오하고 싸우면 살 것이요, 살기를 도모하면 죽을 것이다."라는 뜻인데, 영업이야말로 더욱 이 말을 가슴에 새기며 해야 하는 일이라고 생각한다. 나 또한 '죽기 아니면 까무러치기'라는 마음으로 도전했고 그 결과 놀라운 기록을 만들어 낼 수 있었다.

앞으로 영업 전선에 뛰어들 사람들에게 말해주고 싶다. '죽기 아니면 까무러치기' 정신으로 열심히 한다면 영업이라는 일은 정말 엄청난 보상이 주어지는 일은 맞으니 호기롭게 한번 도전해 보라고 말이다. 이 책이 그 험난한 도전의 길에 조금이나마 빨리 꽃길을 걸을 수 있게 하는 데 도움이 되기를 바라고 또 바란다.

2023년 가을 정준교

목차

CONTENTS

PROLOGUE · 004

PART 01 황금 같은 인맥관리의 노하우

#1. 인맥을 넓히는 방법 · 017
#2. 사람 관리의 비결 · 022
#3. 손해 보며 살아라 · 028
#4. 영업의 달인과 인맥을 쌓아라 · 033
#5. 네트워크의 중심이 돼라 · 038
#6. 오래도록 인연 맺는 법 · 043

PART 02 성공을 위한 필수 루틴

#1. 루틴_조찬모임 · 049
#2. 루틴_샌딩 서비스(sending service) · 054
#3. 자신만의 루틴을 만들어라 · 060
#4. 매뉴얼을 만들어라 · 065
#5. 영업을 잘 하기 위한 기본기 닦기 · 069

PART 03 그렇게 하면 실패합니다! 위기극복 솔루션

#1. 슬럼프 극복기 · 079
#2. 나와 맞지 않는 고객은 빨리 정리하라 · 085
#3. 업계 1위의 외로움 · 090
#4. 억대 연봉! 보이는 게 다가 아니다 · 095
#5. 매너리즘을 매너 있게 이겨내는 법 · 100
#6. 노력은 보상으로 보답하기 · 106
#7. 절약보다는 투자를 하라 · 110

'이걸' 잘하면 다 잘 된다

#1. 꿈의 계약_법인에 집중하라 · 117
#2. 키 플레이어를 만들어라 · 121
#3. 계약은 타이밍 · 126
#4. 문자 하나도 허투루 보내지 마라 · 132
#5. 세일즈도 공부해야 한다 · 136
#6. 다섯 가지 체크포인트 · 140

특급 비법! 비즈니스 스킬 그리고 마케팅

#1. 인간 플랫폼을 구축하라 · 147
#2. 마케팅 트렌드를 따르라 · 152
#3. 미국에서 배운 세일즈 스킬 · 158
#4. 특별함을 부여하기 · 163
#5. 태도가 답이다 · 169

너 자신을 알라. 그래야 돈을 번다

#1. 영업 DNA 찾기 · 177
#2. 내 꿈은 영업맨 · 183
#3. 영업은 나의 운명 · 189
#4. 부자가 되기 위해 누구와 엮일 것인가? · 193
#5. '영업' 분야 파헤치기 · 200
#6. 우리 회사로 말할 것 같으면 · 206
#7. 사람이 재산이다 · 210
#8. 나는 부자가 되고 싶어요 · 216

EPILOGUE · 226

 소노호텔앤리조트 회원권 FAQ · 231

PART 01

황금 같은
인맥관리의 노하우

이해

그 친구가 싫어서 사귀어 볼 생각이야.
그 친구에 대해 좀 더 알아야 할 거 같아서.

- 링컨 -

#1. 인맥을 넓히는 방법

새로운 곳에서 인맥을 캐라

"팀장님은 인맥이 빵빵해서 좋겠어요~"

내가 자주 듣는 말이다. 근데 인맥이 빵빵하다 혹은 좋다는 말은 무얼 뜻할까? 단지 핸드폰에 저장된 연락처가 많다는 의미일까? 그냥 아는 사람이 많다는 걸까? 아마도 나를 도울 수 있는 능력이 있거나 나란 사람을 위해 기꺼이 도와주러 올 수 있는 사람이 많다는 뜻일 거다. 즉 '인맥이 좋다'라는 말은 '도움이 되는 사람이 많다'라는 말로 치환될 수 있다. 이 사회는 혼자 살아갈 수 없는 세상이라 뭘 하든 사람이 필요한 건 사실이다. 그렇기에 사람들은 인맥을 쌓기 위해 돈과 시간을 투자해서 만나는 거 아니겠는가.

그런데 주위에 사람들을 많이 만나고 다니지만, 인맥이 넓지 않은 사람들이 있는데 이들의 특징은 뚜렷하다. 만나는 사람들이 바로 '그 나물에 그 밥', '그놈이 그놈'이라는 것이다. 매번 같은 사람, 같은 모임이다 보니 인맥이 넓어지지 않는다. 실제로 회사 후배가 매너리즘에 빠져 일도 하기 싫고 재미도 없어서 이직을 고려 중이라는 얘기를 했다. 안타까운 마음에 요즘의 일상 스케줄을 얘기해 달라 했더니 석 달 동안 거의 같은 사람들과 밥 먹고 술 마시며 시간을 보내고 있었다. 세일즈맨으로서 통탄을 금치 못했던 대목이었다. 이러한 만남은 너무 비생산적이라 정말 안타깝게 흘려 버리는 시간이기 때문이다.

어쨌든 인맥이란 우리나라에서는 없어서는 안 될 중요한 항목이다. 인맥의 3종 세트, 학연·지연·혈연은 어딜 가나 강력한 효과를 가진다. 오죽하면 과자 광고에도 정(情)이라는 표현을 쓰며 어필했을까? 하긴 '학연·지연·혈연' 중 그 어느 하나에라도 엮여있으면 한국인의 정이 발동되고 그 순간 '너'와 '나'에서 '우리'가 되어 곧바로 친근한 사이가 되어 버리니 사람들이 죽자고 챙기는 항목임에는 틀림없다. 하지만 안타까운 것은 이 인맥의 3대장이 과거의 영역이라 바꿀 수가 없다는 것이다. 그럼 현재 이후부터 인맥을 만들어 가야 하는데, 이렇게 중요한 인맥은 어디서 어떻게 만들어야 할까?

당연한 얘기겠지만 새로운 인맥을 캐려면 '새 술은 새 부대에 담으라'라는 말처럼 새로운 사람들이 있는 곳으로 가야 한다. 이때 사람들은 각각의 목적과 니즈가 공통으로 부합될 때 모이게 되는데 이왕이면 자신이 잘 아는 관심사와 맞아떨어지면 인맥 캐기가 훨씬 수월해진다. 비슷한 성향, 비슷한 관심사, 비슷한 비즈니스, 비슷한 취미를 가지고 있으면 서로에게 더욱 다가가기 쉬운 특별 '베네핏(benefit)'을 받고 관계를 더 쉽게 시작할 수 있다.

실제로 골프를 좋아하는 나는 골프모임에서 같은 고민을 나눴던 사장님과 친해졌다. 관심사가 같다 보니 말이 잘 통했고 그러다 보니 서로에 관한 관심과 정이 쌓였다. 그러던 어느 날, 그가 직원 수 50명 규모에 맞게 복리후생 차원으로 리조트 회원권을 구매하고 싶다는 연락을 먼저 취해왔다. '골프'라는 공통분모가 존재하던 우리는 '골프'라는 공통점으로 친해진 사이라 별 어려움 없이 회원권 구입을 진행할 수 있었다. 동아줄 같은 그의 부름에 나는 누구보다도 최선을 다해 상담을 진행했고 최대한의 서비스를 챙겨 드렸다. 이렇게 귀한 인맥이 '골프'라는 이름으로 엮인 것이다.

나는 업무차 여러 번 만나야 하는 상황을 제외하고는 거의 뉴페이스들과 시간을 보낸다. 조찬모임에서 새로운 사람들을 만나고, 점심에는 소개받은 고객이나 가망고객, 저녁에는 레저업계나 동종업계 사람들 혹은 나의 고객이나 그분이 대동하여 같이 나온 잠재 고객 등 매번 새로운 인맥을 캐며 나의 인맥 동굴을 넓혀 나간다. 그리고 새로운 사람들을 만났다면 그들과 쉽게 끊기지 않는 튼실한 유대감의 끈을 만든다. 이 끈을 만드는 일은 그리 어렵지 않다. 조금의 관심만 가지면 될 일이기 때문이다. 즉 반가운 인사, 사소한 변화, 표정, 스타일, 관심사 등 아주 사소한 관심을 가지는 것에서부터 '관계 맺기'가 시작된다는 것이다. 인맥을 쌓기 위해 엄청 거창하게 도와주지 않아도 된다. 하다못해 SNS에 '댓글'과 '좋아요' 클릭으로도 '좋은 관계'가 시작되며 이는 곧 인맥의 시작임을 잊지 말자.

　하지만 꼭 잊지 말아야 할 것은 진짜 좋은 인맥을 쌓기 위해서는 나 또한 그들에게 뭐라도 도움이 될 수 있어야 한다는 것이다. 물질적이든 정신적이든 서로에게 작게나마 보탬이 되고 도움이 될 때 진짜 '황금 인맥'이 만들어진다는 걸 명심하자. 내가 누군가에게 도움을 줄 수 있는 사람이 되기 위해 노력하는 것 또한 인맥을 넓히는 데 도움이 된다는 마음으로 나를 성장시키는 데 시간과 돈을 투자하며 노력하자. 누군가에게 도움을 줄 수 있는 사람이 되기 위해 노력하는 것이 곧 나의 성장을 돕는 것이자 인맥을 넓히는 것이니 이보다 좋은 일이 있을까?

#2. 사람 관리의 비결

씨를 뿌리는 내 정성을 상대가 알게 하라

"바쁘지? 이번에 가족 여행을 가는데 숙소 예약 좀 부탁해!"

얼마 전 친구 녀석의 부탁 전화를 받았다. 내가 하는 일이 정확하게 뭔지는 몰라도 리조트와 관련된 일을 한다는 걸 아는 친구 녀석의 부탁이었다. 물론 그 친구는 내가 관리하는 리조트 멤버십 회원은 당연히 아니다. 하지만 영업은 관리도 중요하지만, 신규 회원을 유치하는 것이 최대 과업 아니겠는

가. 언제 나의 새로운 고객이 될지 모르는 일이니 씨를 뿌리는 농부의 마음으로 연락 오는 부탁은 내가 가진 능력껏 최선을 다해 들어준다. 이렇게 쏟아부은 나의 정성은 실제로 '계약'이라는 달콤한 열매를 맛 보여 준 적이 많기 때문이다.

우선 숙소 부탁이 들어오면 최대한 예약을 성사시키기 위해 노력한다. 이것만으로도 상대방은 굉장히 고마워하겠지만 나는 한 번 더 씨를 단단히 뿌리내리게 하기 위한 감동을 준비한다. 예약한 방에 항상 가져다 놓는 웰컴 카드와 과일 바구니가 그것이다. 어찌 보면 별것 아니지만, 그들에게는 절대 별것 아닌 게 아니다. 예약해 준 나에 대한 고마움을 안고 객실에 들어섰을 때 그들이 처음 만나는 과일 바구니는 내가 해준 예약의 수고로움을 극적으로 아름답게 만들어 주는 아주 좋은 도구다. 예약해 준 것만 해도 고마운데 과일 바구니라니. 특히 가족들과 같이 온 여행에서는 이 별것 아닌 과일 바구니가 엄청난 위력을 자랑한다. 당연히 이런 과일이나 와인, 케이크 등의 선물은 사비로 준비하는 것이기에 어떤 달은 100만 원이 넘게 드는 달도 있다.

하지만 나는 거기서 그치지 않는다. 감동에 마지막 쐐기를 박는 나만의 필살기를 동원한다. 바로 정성을 다해 준비한 웰컴 카드다. 그들의 방문 목적에 따라 간단히 인사를 적은 다음 과일 바구니와 함께 객실에 둔다. 예를 들면 부모님을 모시고 온 가족 여행이라면 소중한 친구의 부모님과 함께 온 여행이니만큼 최대한 불편함 없이 살펴줄 테니 즐거운 추억을 쌓길 바란다는 내용을 첨부하는 것이다. 또 결혼기념일 여행이라면 친구 녀석은 멋진 놈이니 후회 없이 사랑하고 행복한 시간을 보내다 갈 수 있도록 최선을 다하겠다는 내용으로 쓰는 것이다. 몇백만 원어치의 밥값과 술값 이상으로 그 효과는 어마어마하다. 그 이후 감동한 친구의 와이프가 친구 녀석보다 더욱더 적극적으로 리조트 회원권을 계약하자고 했을 정도니 효과는 두말하면 잔소리다.

또 6년 동안 꾸준히 예약을 잡아줬던 지인인 인섭이 형의 부탁도 성공적인 농사의 결실로 증명되었다. 6년 전부터 개인사업을 해오던 그 형은 업의 특성상 거래처가 많아 거래처 관리 명목으로 자주 객실 예약을 부탁했었다. 어떤 해는 회원보다 더 많이 예약을 부탁해서 객실을 이용하기도 했었다. 바쁠 때는 회원 챙기기도 버거워 귀찮고 짜증 날 때도 있었지만 그 형의 성향이 무던하고 둥글둥글 한데다, 항상 객실 이용 후 피드백도 좋아서 특별히 싫은 내색을 한다거나 리조트 회원권 판매를 종용하지도 않았다. 내게 미안했던 형은 본인의 사업이 자리를 잡아 매출이 좋아지거나 여유가 생기면 리조트 회원권을 꼭 구입할 거라는 말을 항상 했었다. 물론 고마움에 하는 빈말이었을 수도 있고, 인사치레였을 수도 있지만 나는 씨 뿌리는 심정으로 기다렸다. 물론 그의 회사 매출이 좋아질지, 그 형이 진짜 구입을 할지 확신할 수는 없었지만, 그냥 기다렸다. 대신 내가 믿은 것은 이 모든 나의 노력과 정성이 헛되지 않을 거라는 것뿐이었다. 결국, 그를 위해 객실 예약을 도와주고 노력했던 6년간의 나의 노력은 '법인 계약'이라는 모습으로 보답해 주었다.

이렇듯 나는 수년간 내가 필요한 사람들에게 깔끔하고 멋진 객실은 물론 뭔가 특별 대접을 받는 듯한 웰컴 과일에 가족들 앞에서 가장의 기를 살려주는 특별 멘트까지, 모든 과정에 상대방을 위한 배려와 정성을 가득 담았다.

그런데 참으로 안타까운 점 하나는 객실 예약 시 직접적으로 나에게 돌아오는 이득은 없다는 것을, 예약을 부탁했던 지인을 비롯한 이용객들이 전혀 모른다는 것이었다. 나는 소위 리조트 사장도 아니고 펜션 주인도 아니다. 객실 이용을 하면 나에게 어느 정도 경제적 이윤이 발생한다고 생각하던데 이는 정말 잘못 알고 있는 점이다. 나의 정확한 업(業)은 리조트 회원권 분양이다. 그러므로 객실 예약률이나 예약 체결로 인해 이익을 얻는 구조가 아니라는 걸 알려줄 필요가 있다. 그리고 나서 내가 왜 이런 노력을 들이는지에 대한 이유도 덧붙인다. 이렇게 본인뿐만 아니라 그들 주위의 지인 중에서 리조트 회원권에 관심을 가질 만한 사람을 소개해 달라던지, 아님 그들에게 나를 소개해 달라는 정확한 나의 의도를 전달하는 것이다. 즉, 리조트 분양권 판매를 위한 씨 뿌리는 작업을 열심히 하는 셈이다. 상대방들이 받는 혜택이나 객실 예약으로 인해 나에게 직접 오는 이익은 없지만 내가 하는 일이 무엇인지, 내가 이런 수고를 왜 하는지 정확하게 알려줘야 정확한 열매를 거둘 것이 아닌가.

물론 내가 해주는 객실 예약이 대가를 바라거나 오로지 영업 이익만을 위해 계산된 호의는 아니다. 그러나 이러한 노력과 시간이 그냥 물거품처럼 사라지게 놔두는 건 너무 어리

석은 일이다. 특히 영업맨에게는 말이다. 언젠가는 맺게 될 열매를 위해 파종하며 흘리는 나의 노력과 정성을 정확하게 상대에게 알려야 한다. 세상엔 공짜가 없다는 너무나 간단하고 명확한 진리를 말이다. 이렇게 호의와 배려를 듬뿍 받은 고객은 무조건 다시 나를 찾는다는 것을 말이다.

#3. 손해 보며 살아라

손에 쥐고 싶다면 손해를 봐라

지금 당장 이익보다는 멀리 내다보며 더 큰 이익을 도모하라는 지혜로운 말이 있다. 바로 '나무보다는 숲을 보라!'는 말이다. 희한하게 회원권 계약을 한 나의 고객들은 나에게 역으로 선물을 많이 준다. 기프티콘 선물을 시시때때로 주는 건 기본이고 설, 추석 명절은 물론 크리스마스나 밸런타인데이와 같은 날도 챙겨 준다. 처음에는 그저 감사하고 고맙게 받았으나 받다 보니 미안함이 커지며 뭔가 빚진 느낌이 자꾸

들었다. 그러다 보니 나에게 선물을 해주는 고객에게는 나 또한 하나라도 더 보답해 주고 싶다는 생각이 들었다. 더욱이 '세상에 공짜는 없다'라는 철학을 강력하게 믿는 나로서는 소위 '먹튀'는 있을 수 없는 일이었고, 고객들은 이걸 노렸을지도 모르지만 이게 세상 사는 '진리'니 당연한 일이었다.

어차피 여행의 성수기라는 것은 거의 정해져 있고, 모두에게 주어지는 연휴다 보니 비싼 비용을 내고 회원권을 구매했어도 자신이 원하는 날에 무조건 이용하기 어려울 수도 있다. 그럴 때를 대비해서 고객들은 본인들이 원하는 날짜에 갈 수 있는 확률을 높이자는 심산으로 그들은 내게 선물을 바리바리 챙겨 주었으리라.

이러한 세상의 당연한 이치를 깨달은 이후, 나 또한 더 큰 이득을 위해 눈앞의 손해에는 관대해지기로 했다. 그래서 나는 나름의 행동지침을 정했다. '할까? 말까?' 고민될 때는 계산하지 말고 '그냥 하자!'로 말이다. 그래서 모임에 갔을 때 식사나 술자리 후 분위기가 좋거나 애매한 상황에서 계산은 주로 내가 한다.

더불어 항상 소지하고 다니는 골프공 선물세트나 호텔 최

고급 수건 세트와 같은 선물도 최대한 많이 챙겨 주려고 한다. 계약과 직접적으로 관련된 사람이 아니더라도 말이다. 처음엔 아까웠던 게 사실이다. 회원권을 바로 사줄 수 있는 여력이 되는 사람도 아니고, 영업 목적으로 만난 사람이 아닐 경우는 더욱 그랬다. 하지만 나의 그 생각을 깔끔하게 뒤집어 주는 사건(?)이 발생했다.

약 6년째 20명의 사람과 매달 한 번은 골프 월례회 라운딩을 가는데, 전날 저녁 6시쯤 모임에서 급작스럽게 한 명이 불참을 알려왔다. 예약이 이미 완료된 터라 추가로 한 명을 섭외하게 되었고, 평소 알고 지내던 사무용 의자를 제조하는 회사 오준석 대표가 함께 하게 됐다.

그리고 다음 날, 나는 골프장에서 만난 그의 손에 들린 정성 어린 선물을 보고 신선한 충격(?)을 제대로 받았다. 피곤함을 달래줄 다양한 사탕과 초코바 등이 담긴 너무나 정성스럽고 예쁘게 포장된 간식 주머니를 참석하는 사람 수에 맞춰 19개나 준비해 온 것이었다. 그날의 주인공이 '간식 주머니'를 준비해 온 준석이었다는 건 당연지사. 칭찬과 감동의 폭풍이 지나가고 난 뒤 그는 멋지고 센스있는 사업가로 이미지 포지서닝을 제대로 했다.

어떤 사업을 시작하든 고객 확보가 급선무다. 물론 선택한 업종에서 최고의 실력을 보여 줘야 하는 것은 당연하지만 친절함이나 베풂을 보고 고객들이 선택해 방문하는 경우도 꽤 많다. 식당을 시작했다면 맛과 위생은 기본이지만 무한 리필이나 덤으로 주는 서비스가 많을수록 손님이 모이는 것 또한 비슷한 맥락일 것이다.

고객이 어느 정도 모일 때까지는 손해 본다고 생각하고, 아니 더 큰 이익을 위한 마케팅 전략이라고 생각하고 '퍼주자!'. 그렇다고 무조건적인 호구가 되라는 것은 아니다. 영화 '부당 거래'에서 너무나도 사람들에게 공감되어 지금까지도 회자되는 류승범의 명대사가 있다. "호의가 계속되면 그게 권리인 줄 안다." 호의를 베푸는데 그걸 권리로 생각하고 나를 호구로 취급하는 고객이라면 얘기가 달라지겠지만, 어쨌든 먼저 베푸는 것이 중요하다.

만날 때마다 어려운 자신의 형편을 피력하며 '밥 사 달라, 술 사 달라' 징징대는 동료나 친구들을 보면 너무 안타깝다. 어쩔 수 없는 상황에 관계를 이어가지만, 그 상황이 끝나면

뒤도 안 돌아보고 손절하고 싶은 사람이기 때문이다. 돈은 모두에게 소중하다. 그러기에 그 소중한 돈을 먼저 베푼 사람에게 보답이 주어지지 않겠는가.

#4. 영업의 달인과 인맥을 쌓아라

달인이 되고 싶다면, 달인을 만나라

영업 3대장이라 불리는 업종으로 자동차, 제약, 그리고 보험업이 있다. 그중에서도 보험은 유일하게 무형상품인 데다 타깃이 너무 광범위해 가장 어렵고 힘든 영업 분야로 꼽힌다. 그래서인지 영업 실적에 대한 보상은 가장 확실하고 크다. 나의 주변에는 특히 보험 영업을 하는 지인들이 많았다. 그들을 보며 '나도 어떻게 하면 영업의 달인이 될 수 있을까?'라는 생각을 가장 많이 했던 것 같다. 그땐 레전드급의 영업 달인이 나를 수제자로 삼아 모든 노하우를 알려주면 소원이 없겠다는 생각이 간절했다. 그래서 영업의 달인이 되고 싶었던 나는 기다림 대신 달인을 먼저 찾아 배우기로 맘먹었었다. 아무튼, 그 당시 나의 영업활동에 엄청난 영향력을 끼쳤던 보험계 영업의 달인 레전드 3인방. 그들을 통해 나는 정말 많은 것들을 배웠던 것 같다.

먼저 '반전의 달인', 전주 순천지점을 관리하는 안현진 지점장이다. 보험업계에는 '3W'가 있는데, 이것은 '매주 3건'의 계약을 달성한다는 룰이다. 말이 쉽지, 보험 영업을 해본 사람은 알 것이다. 이게 얼마나 어려운 목표인지 말이다. 이 어려운 목표를 무려 6년 동안이나 꾸준히 이뤄낸 사람이 바로 안 지점장이다. 이분은 27세에 소방관을 그만두고 보험업에 뛰어들어 33세에 메트라이프 최연소 명예이사 자리에 오른 특이한 이력의 소유자다. 이분이 대단한 건 남들과 다른 영업 차별화 전략 중 하나가 보험 지점별 고객센터에 컴플레인을 하는 사람들을 대상으로 고객을 확보했다는 것이다. 그는 적극적인 공감을 통해 컴플레인을 원만하게 해결해 주었는데, 이 방법은 정말 어려운 상황에서 가장 어려운 고객들을 대하는 것이긴 하지만 잘만 하면 '하이 리스크-하이 리턴(high risk high return)'으로 충성고객을 만들어 낼 수 있기도 했다. 또 특이한 점은 일을 잘하고 있는 지점원에게는 당근이 아니라 채찍을, 부진한 사람에게는 당근을 쥐여주는 전략을 취했다는 것이다. 역발상의 귀재이자 모든 행보가 반전이 아닐 수 없다. 이런 안현진 지점장의 노하우는 정말 나에게 많은 자극이 되었음이 틀림없다.

두 번째로는 '접대의 달인'인 김중화 챔피언이다. '챔피언'이란 업계 1위에게 주어지는 영광스러운 칭호인데, 이 타이틀에 두 번이나 랭크된 적이 있는 어마어마한 능력자이다. 게다가 보험 계약보다 어려운 게 유지인데 이분의 보험 유지율이 거의 100%라고 하니 존경스러울 따름이다. 의리파이기도 한, 이분은 비즈니스 모임도 항상 자신의 고객이 운영하는 가게에서 진행하며, 나에게 리조트 예약을 요청한 후에는 항상 다양한 형태로 보상을 해주셨다. 또 주변 지인들의 니즈를 충족시켜 주면서 중간 가교 역할을 톡톡히 함은 물론 열심히 하라는 의미로 신입 후배들에게 자비로 100만 원 상당의 핸드메이드 양복을 선물해 주기도 하는 등 누가 봐도 멋진 매너와 의리로 사람들의 마음을 사로잡았다. 그분을 곁에서 지켜보며 나 또한 이렇게 사람 냄새나는 영업인이 되어야겠다는 생각을 많이 했던 것 같다.

마지막으로는 '디테일의 달인', 송준호 단장이다. 10년 세일즈맨으로 뛰다가 이후 10년은 관리자 생활을 하고 있는 분인데, '미다스의 손'이라 할 수 있을 정도로 하는 것마다 1등을 찍었었다. 개인적으로 계약 전국 1등도 두 번, 지점을 맡은 이후로는 지점도 1등 네 번, 사업단으로 확장된 이후에는 전국 사업단 중 1등을 놓치지 않았던 능력자 중에 능력자다. 정말 살아있는 보험의 역사이자 레전드가 아닐 수 없다. 게다가 얼마나 디테일한 센스를 가지고 있냐면, 언젠가 그분과 함께 골프 라운딩을 한 번 같이 한 적이 있었다. 그때 단장님이 쓰신 골프 모자가 너무 멋있어서 칭찬과 함께 부러움을 표현했었는데, 그로부터 정확히 5일 후 같은 모자가 택배로 날아왔다. 그때 받은 감동은 아직도 잊을 수가 없다.

느꼈을지 모르겠지만 이 영업 레전드 3인방에게는 공통점이 있다. 바로 '사람 냄새'가 난다는 점이다. 사람 냄새란 인성이 좋다는 말로 치환될 수 있다. 가망고객이든 계약 고객이든 사람의 마음을 가장 중요하게 생각하고, 그들의 마음을 움직일 줄 알았던 영업맨이라는 것이다. 이들을 보면서 매섭고 차가운 영업 바닥에서 살아남을 수 있었던 건 부드러움과 따뜻함 때문이었다는 걸 다시금 깨달았다. 이 철학을 잊지 않고 영업에 임한다면 나중에 내가 팔았던 상품이 없어지거나 회사를 그만둬도 내게 '사람'은 남을 거라는 확신이 들었다. 영업의 달인이 되고 싶다면 앉아서 하는 공부도 좋지만 직접 '달인'을 찾아다니며 배우는 것도 아주 중요하다. 업종이 다르든 시스템이 다르든 상관없다. 한 분야에서 달인이 되었다는 말은 죽을 만큼의 노력을 통해 자신의 능력을 발휘하여 성과를 낸 사람이니 본받을 게 한두 가지는 아닐 것이다. 지금부터라도 주위를 둘러보고 달인을 찾아 달리자.

#5. 네트워크의 중심이 돼라

슈퍼 오지라퍼를 자처하라

"어이구, 못 살아! 당신은 진짜 못 말리는 슈퍼 오지라퍼야!"

나의 와이프가 나에게 많이 하는 단골 멘트다. 직접적으로 영업과 관련이 없는 일에도 발 벗고 나서는 나를 보며 답답해하는 소리인데 나는 와이프와 생각이 다르다. 이 세상 어떤 일도 영업과 관련되지 않은 일이 없다. 영업은 제품을 판매하는 일이긴 하지만 사람이 하는 일이고 사람에게 필요한 니즈를 파는 일이다. 그러므로 사람과 연관된 일은 모두 영업과 관련된 일이 아닐 수 없다. 세상사 사람 없이 이뤄지는 일이 어디 있는가.

그런 차원에서 나는 사람과 사람이 모이는 곳이라면 어디든 간다. 그중 13년째 매주 열과 성을 다해서 참석하는 곳이 있는데 바로 비즈니스 모임인 'BNI'다. 2011년 6월을 시작으로 매주 빠짐없이 나가고 있는 이 모임은 '우리가 비즈니스 방법을 바꾸자', '주는 자가 결국 얻는다' 혹은 '사냥꾼이 아니라 농사꾼이 되자'라는 마인드를 공유하며 실천하고 있는 곳이다. 업종도 다양하고 연령대도 섞여 있는데 새로운 업종의 사업자가 가입해서 들어오면 간단하게 소개를 하고 서로의 비즈니스에 대해 공유한다. 13년째 이 모임에서 활동하고 있는 나는 웬만한 회원들의 사업체 특성이나 규모를 파악하고 있다고 해도 과언이 아니다.

그분들과 대화를 하다 보면 아무래도 비즈니스 모임이다 보니 자신들의 니즈가 정확하기도 하고 자신들의 사업에 도움을 받기 위해 여러 방면으로 도움을 요청하거나 스스로 노력한다는 느낌이 많이 들었다. 이러한 상황에서 나의 도움이

#5. 네트워크의 중심이 돼라

엄청난 빛을 발할 때가 많다.

지난 13년 동안 내가 직접 계약한 회원들이 약 2천여 명에 육박하는데, 개인 계약자는 물론 법인 계약일 경우엔 기업 총무 및 복리후생 담당자에서 기업체 대표까지 다양한 직군의 회원들이 포진되어 있다. 이렇게 쌓인 나의 회원 DB를 바탕으로 'BNI' 모임에서 만난 분들의 니즈와 내가 계약한 회원분들의 니즈를 매칭해 서로 연결해 주면 나의 능력과 존재가 크게 어필된다.

예를 들면 사무용 가구업을 하는 대표는 자신의 가구를 구매할 능력을 가진 CEO나 기업체 총무 및 구매 담당 실무자와의 친분이 필요한데 인맥이 없어 힘들어하면 나는 그분이 원하는 실무자를 모임 내에서 찾아 주든지, 내 회원 리스트에서 해당하는 사람이 있는지 알아보고 소개해 주는 것이다. 일종의 비즈니스 소개팅 주선자라고 생각하면 이해가 쉬울 것이다.

물론 소개라는 것이 쉬운 일은 아니다. 옛말에도 '중매는 잘하면 술이 석 잔이고 못하면 뺨이 석 대'라고 하지 않았는가. 그만큼 주선자는 각자 소개해 줄 사람들을 잘 알아야 하고 신뢰감이 바탕이 되어야 한다. 그래야 소개를 받는 사람들은 서로를 전혀 모르지만, 주선자인 나 하나만 믿고 만날 약속을 하든 사업상 계약을 하든 할 것 아니겠는가.

13년 동안 이 모임에 빠짐없이 참석해 온 나는 이 사실만으로도 성실함은 증명된 것이나 다름없었고, 높은 비즈니스 소개팅 성공률이 나의 신뢰감을 높였다고 할 수 있다. 그래서 어느 순간 정준교 팀장이 소개해 준 사람이라면 '안 봐도 비디오'라는 말이 있을 정도로 나를 신뢰하는 사람들이 많아졌다.

소개하고 난 이후 서로 간의 계약이 성사되면 다들 고맙다며 사례를 하려고 한다. 당연히 소개 커미션 따위는 없지만 고마운 마음을 표현하려는 그들에게 나는 부담스러운 사례 대신 리조트 회원권에 관심이 있는 사람들이 있으면 그들에게 나를 소개해 달라고 한다. '눈에는 눈, 이에는 이, 소개엔 소개'인 셈이다. 그러면 다들 너무나도 당연하다는 듯 감사의 의미로 나를 1순위로 정해놓고 무조건 소개해 준다.

비록 이러한 나의 비즈니스 소개팅이 당장의 직접적인 계약을 가져오는 것은 아니지만 지금이 아니더라도 일종의 투자라 생각하기에 손해 보는 건 아니라고 생각한다. 특히 소개 시 매칭률과 성사율이 높아질수록 나에 대한 신뢰도 또한 수직 상승하기에 내가 가진 인프라로 나는 나의 가치도 올리고 영업력도 올리는 일석이조의 효과를 누리게 되는 것이다. 네트워크의 중심에 서면 나의 비즈니스도 그곳에서 중심이 된다는 걸 몸소 체험한 나로서는 지금도 인적 네트워크가 만들어지는 곳이면 어디든 불사하고 달려간다. 망설이지 말고 바로 달려가라.

#6. 오래도록 인연 맺는 법

고객과 함께 느끼며 동행하라

영업하거나 장사를 하는 사람이 새겨들어야 하는 가장 유명한 말이 '고객은 왕이다'라는 것이다. 어느 정도냐면 반려동물과 관련된 산업이 커지면서 우리 회사도 그 트렌드에 발맞춰 동물 병원은 물론 펫 객실에 반려동물 전용 식당, 유치원, 심지어는 스파 시설까지 리조트에 입점시켜 케어 서비스를 시행하고 있다. 그러면서 사원들에게 '개도, 고양이도 우리의 고객이다.'라는 교육을 하기도 했으니 고객의 중요성은 말해 무엇하겠는가.

물론 고객을 최우선으로 모셔야 하는 건 맞지만 시대가 변하고 세대가 바뀌어서 그런지 고객이 무조건 '갑'이었던 시절은 옛말이 되었다. 고객은 '갑'이고 영업맨이 '을'이 되는 관계는 그리 오래가지 못한다. 영업사원인 우리 또한 고객과 동등하다는 생각을 갖고 일을 해야 오래갈 수 있다. 물론 고객에게 예의 없게 대하거나 소위 '갑질'을 하라는 말은 절대 아니다. 그들에게 도움을 주는 '동등'한 관계가 되어야 한다는 생각을 가지라는 것이다.

우리 회사 리조트 회원권 계약서를 보면 눈에 띄게 특이한 부분이 있는데 바로 고객을 지칭하는 '갑'과 회사를 지칭하는 '을'이 다른 명칭으로 명시되어 있다는 것이다. 바로 고객은 '동', 회사는 '행'이라 적혀있는 것인데 나는 이 부분이 너무나 마음에 들고 회사가 추구하는 경영방침에 동의한다.

'동행'. 고객과 함께 나아간다는 말이 진짜 영업의 본질 같다는 생각이 들었다. 무조건 상품을 판매하는 사람이 아니라 고객이 원하는 것을 해결해 주고 도와주는 역할을 해준다는 생각을 가지면 그 관계는 더욱 공고해지고 오래간다. 아니 어쩌면 '상생'이라는 의미가 더 맞을지도 모르겠다. 아무튼, 그들이 회원권을 구매해 주면, 나는 그들의 편안한 여행을 위해 객실이나 골프장 예약을 도와준다. 그리고 더 넓게는 일명 '회원권 복덕방'으로 불리는 회원권 거래소에서 회원에게 좀 더 이득이 되는 방향으로 매도·매수를 할 수 있게 도와준다든지, 고객이 하고자 하는 사업에 필요한 인맥을 소개해 주는 등 고객에게 어떤 형태로든 도움을 주려고 노력한다.

영업은 구매해 달라고 '구걸'하거나 '부탁'하는 것이 아니다. 그건 하수에 불과하다. 진짜 고수들, 그러니까 지금까지 만난 영업의 달인들은 양질의 인프라를 갖고 있고 인맥이 두터워 그것들을 활용하여 고객들에게 도움을 주면서 실적을 유지해 나갔다. 무엇인가를 나눠주고 베풀기 위해서는 내가 가진 것이 많아야 하지 않겠는가. 다양한 영역을 넘나들며 정보를 습득하고 좋은 인프라를 평소에 많이 쌓아 놓아야 함은 너무나 당연한 일이다.

아프리카 속담에 '빨리 가고 싶다면 혼자 가고, 멀리 가고 싶다면 함께 가라'라는 말이 있다. 어떻게든 계약서에 사인만 받아내면 빠른 실적 달성은 가능할지 모른다. 하지만 오래도록 이 일을 하고 싶다면 고객과 함께 가야 한다. 그들의 니즈를 함께 공감하고, 그들의 불편을 함께 해결하며, 그들의 바람을 함께 들어줘야 한다. 그때부터 나와 회원과의 관계는 단순히 '갑'과 '을'의 '비즈니스' 관계에서 벗어나 동행하는 '파트너' 관계가 되는 것이다. 파트너가 되면 관계는 오래간다. 그렇게 되었을 때 비로소 실적 또한 자연스레 따라올 것이다.

PART 02

성공을 위한 필수 루틴

칭찬

좋은 말을 베푸는 것이
비단옷을 입히는 것보다 따뜻하다

- 순자 -

#1. 루틴_조찬모임

조찬모임은 영업 마중물이자 시너지 충전소

"띠리리 띠리리~"

매주 화요일 새벽 6시! 13년째 울리는 나의 조찬모임 알람이다. 'BNI'라는 비즈니스 조찬모임인데, 정말 개인 경조사가 있거나 건강상의 이유 등 정말 피치 못할 사정이 있는 경우를 제외하고는 거의 빠짐없이 참석한다. 강원도 강릉 출신인 나로서는 서울을 기반으로 영업을 하기 위해서 서울 사람들이 필요했다. 그래서 영업 초창기에는 인간관계를 넓히고 사람들을 좀 알아놓자는 심정으로 이 조찬모임에 가입했었다. 이 모임은 당시 스무 명 정도에서 시작했는데 지금은 이천오백여 명에 이를 정도로 규모가 커졌다. 강남을 기반으로 시작된 모임이라서 그런지 사업을 하는 사람들이 꽤 많아 리조트 회원권 분양에 관심이 있는 사람들이 많이 있을 법했다. 하지만 리조트 회원권이라는 것이 어떤 사업의 목적을 달성하는 데 반드시 필요한 요소가 아니라 '복지'라는 선택의 영역이기 때문에 영업하기가 쉽지 않다. 이러한 업의 태생적인 단점을 극복하기 위해서는 여러 가지 마케팅 수단을 활용해야 했는데 그중 하나가 조찬모임이었다. 이곳에는 다양한 업종을 가진 사람들이 나와 비슷한 목적으로 참석하는 경우가 많았다.

이 모임에는 그래도 사업에 열정을 가진 사업가들이 많이 참석하다 보니 그들과 어울리면서 자연스레 그들의 열정 바이러스에 감염된다. 그래서 모임에만 갔다 오는 날이면 영업 미팅을 한 건 더 추가로 잡는다든지 고객에게 전화를 몇 통 더 돌린다든지 하는 등의 시너지 효과가 났다. 부자로 향하는 그들의 사고방식과 노하우에 자극을 받기도 했고, 그것들을 나에게 접목하고픈 열정도 샘솟았다. 그래서 더욱 그 모임에 참석하는 것을 중요하게 생각했었고, 그런 만큼 나의 출석률은 떨어질 줄 몰랐다.

나는 정말 그 모임에 내 세일즈 인생의 첫 삽을 뜬다는 생각으로 열심히 참석했다. 비가 와도 눈이 와도, 아파도 힘들어도 정말 빠지지 않았다. 모임에서는 회원의 활동 정도, 즉 출석률이나 비즈니스 소개 건수나 소개 성공률(계약 체결 매출 금액 등)에 따라 회원의 등급을 나눠 관리했는데 그때마다 항상 나는 최고 등급이었을 정도니 말해 무엇하겠는가. 그 결과 최소한 그 모임에서만큼은 '성실맨'이라는 평판을 얻게 되었고, 나에 대한 긍정적인 이미지가 자연스럽게 포지셔닝 됐다.

그러다 보니 모임 내에서 나를 찾는 사람들이 많아졌다. 마치 먹이를 찾아 산기슭을 어슬렁거리는 하이에나처럼 예전에는 내가 먼저 여기저기 사람들을 찾아다녔는데 이 모임에서는 사람들이 먼저 나를 찾아왔다. 성실하고 믿음직한 사람으로 포지셔닝 된 나의 이미지는 영업에서 놀라운 위력을 발휘했다.

모임에 들어간 지 5년쯤 되었을 때의 일이다. 당시 현대자동차 판매 1등 영업맨인 최 부장님을 조찬모임에서 만났는데, 처음에는 조찬모임의 요일도 달랐기에 그가 1등 영업맨인지, 아니 자동차 영업을 하는 사람인 줄도 몰랐다. 그러다 우연히 그가 속해있는 조찬모임 날짜에 참석하면서 그를 알게 되었고, 나의 성실함을 알게 된 그가 직원 수 5천여 명 정도 되는 거래처의 법인 총무팀장을 소개해 주었고 실제로 계약까지 이어졌다. 잘 챙겨달라는 최 부장님의 당부를 가슴에 새기며 그 회사 임직원은 물론 회원권 구매를 하지 않은 최 부장님 가족과 그분의 회사 임원까지 예약을 원하면 최선을 다해 성사시켜 계약 체결에 대한 감사함을 행동으로 보여줬다. 그 결과 보통 법인은 1년 예산이 정해져 있고 아무리 더 사고 싶어도 그 이상으로는 집행할 수가 없는데, 그러한 조건 하에 그 총무팀장은 5년 동안 무려 10억 이상의 규모로 나와의 계약을 꾸준히 유지해 주었으며 최 부장님 또한 꾸준히 내게 또 다른 지인의 소개를 아끼지 않는다.

참, 그 모임에서 만난 김 노무사님도 빼놓을 수 없는 인연이다. 당시 노동법 개정으로 혼란스러웠던 전국의 회사에서는 노무 자문을 받아야 하는 상황이 발생했고, 나는 나의 회원분들 중에서 노무사를 필요로 하는 일이 생기면 이 조찬모임에서 만난 김 노무사님을 소개했다. 본인의 탁월한 능력과 성실함이 한몫해서였는지 소개에 소개가 이어지면서 그분을 찾는 일이 많아졌고 수입 또한 많이 늘게 되었다. 고마움에 내게 보답을 하고 싶었던 그분은 계약할 것 같아 보이는 사람이 있으면 서슴지 않고 내 손을 이끌고 직접 한 명 한 명 소개해 줬다. 그 결과 2년 동안 6억 정도의 계약이라는 선물을 받았다.

어쨌든 계약이 될지 안 될지 고민하는 건 차치하고서라도, 사람들이 많이 있는 곳에 가야 계약 성사의 가능성을 높일 수 있다. 내게 득이 될 사람인지 아니면 독이 될 사람인지는 일단 만나야 알 수 있다. 되도록 많이 만나라. 사람들이 많이 모여 있는 곳이나 모일 만한 곳으로 찾아가라. 조찬모임이든 오찬 모임이든, 술자리든 독서 모임이든 간에 사람들이 모여 있는 곳으로. 이왕이면 내가 필요로 하는 리조트 회원권을 사줄 만한 사람들이 모여 있는 곳으로 말이다.

#2. 루틴_샌딩 서비스(sending service)

가망 회원을 살리는 심폐소생술

2011년부터 매주 수, 목요일은 내 영업의 생명수와 같은 '위크 레터(week letter)'를 발송하는 날이다. 12년 동안 한주도 빠짐없이 나는 기존 회원은 물론 나에게 리조트와 관련해서 단 한 번이라도 문의를 한 고객에게까지 이 서비스를 보내주고 있다.

'위크 레터'라 함은 한 주간 일어난 소노호텔에 대한 회원권 동향은 기본이고, 레저 업계는 물론 경제 전반에 관한 기사를 모아 보기 쉽게 편집하여 보내주는 메일링 서비스다. 현재 약 3천 명에게 보내주고 있는 이 '워크 레터'는 동종업계에서는 유일하게 나 혼자 하는 고객 서비스이자 자랑이다.

물론 회원들이 개인적으로 찾아보려면 얼마든지 찾아볼 수 있는 정보들이며 기사들이다. 하지만 내가 이렇게 공들여서 매주 발송하는 이유는 '정보 공유'라는 명분 있는 홍보방법이자 부담스럽지 않게 나를 어필하는 도구이기 때문이다. 그래서인지 이 '워크 레터'가 발송되는 수요일이나 목요일에는 그 수신자 목록 중에서 반드시 한두 명에게 연락이 온다. 7~8년 전, 내게 문의했던 사람이 전화해서는 아직도 같은 일을 하고 있냐며 놀라워하며 안부를 물어왔던 경우도 있고, 리조트 회원권에 관심을 가지고 알아보려던 차에 내 메일을 받고 문득 생각이 나서 연락을 했다는 고객도 있다. 경험상 이때 메일을 보고 다시 연락한 고객은 계약으로 이어질 확률이 매우 높다. 어디서 계약 '금맥'이 터질지 모를 일이다.

이 메일링 서비스를 오랫동안 한결같이 해왔기에 나의 성실함과 끈기는 말 안 해도 모두에게 어필됐으리라 생각한다. 실제로도 몇 년 이상 연락이 없었다가 메일이 계기가 되어 연락이 다시 시작되거나 계약까지 이어졌던 사례가 종종 있어서 힘들어도 이 메일링 서비스를 그만둘 수가 없다.

이와 더불어 한 달에 한 번 보내는 단체 문자도 그 맥을 같이 한다. 연도별로 정리된 나의 가망고객 회원 수만 해도 약 4천여 명이 넘는다. 이들을 더 효과적으로 관리하기 위해 내가 즐겨 쓰는 방법이 있다. 바로 '메모리 메모법'이다. 이것이 무엇인고 하면, 문의 전화가 끝나고 나면 무조건 연락한 그 사람을 기억하기 위해 낱낱이 기록하는 방법이다. 통화하면서 알게 된 그 사람과 관련된 기본 정보, 예를 들면 고향, 가족관계, 나이, 직업, 거주지 등이다. 그뿐만 아니라 어디서 내가 뭘 하고 있을 때 연락이 왔는지, 어떤 것들을 나에게 물었는지, 관심사는 무엇인지까지 통화를 통해 알게 된 모든 기억을 최대한으로 기록하는 것이다. 다소 귀찮은 작업이지만 이것이 가져다줄 선물은 절대 작거나 귀찮지 않다.

어쨌든 한 번은 리조트에 관심을 가지고 나에게 적극적으로 문의를 한 사람들이기 때문에 계약 확률이 타 일반인보다 훨씬 높은 가망 회원이다. 이런 사람에게 몇 달 만에 혹은 몇 년 만에 연락이 왔을 때 이름을 불러주거나 관심사나 거주지,

직업 등 구체적으로 그 사람의 정보에 맞춰진 안부를 물어주면 그들이 느끼는 감동은 그 파급력이 엄청나다.

실제로도 2018년에 리조트 회원권에 대해 잠깐 물었던 가망고객의 전화가 걸려 온 적이 있었다. 그때 번호에 같이 뜬 연도와 그분의 이름과 더불어 간단한 정보로 첫인사를 먼저 건넸다. "○○○ 고객님, 안녕하셨어요? 살고 계신 부산 날씨는 따뜻하죠? 따님은 원하던 대학에 붙었나요? 종종 궁금하긴 했었는데 잘 지내시지요?"라고 말이다. 입장을 바꿔 생각해 보라. 잠깐 지나치는 행인처럼 길만 물었을 뿐인데 다음번에 만났을 때 자신을 기억하고 먼저 인사를 건네며 알아본다면 얼마나 놀랍고 감동적이겠는가. 그 감동은 그냥 물거품처럼 절대 사라지지 않는다. 감동의 거품이 꺼지고 나면 반드시 어떤 식으로든 보답이 남는다. 이 진리를 알기에 나는 메모와 저장의 귀찮음을 이겨낼 수가 있었다.

영업맨으로서 주고받는 통화가 아주 많다. 특히 성수기인 7~8월이 되면 예약 및 상담 문의로 많게는 하루에 50통이 올 때도 있고, 한 달에 천여 통씩 통화하기도 한다. 이렇게 통화량이 많음에도 불구하고 내가 고객 한 명 한 명을 기억할 수 있었던 건 비상한 기억력을 가져서가 아니다. 계약의 공식이라고 믿기 때문에 작정하고 꾸준히 하는 '메모' 덕분이다. 통화가 끝난 후에 바빠서 즉시 메모하지 못할 경우가 많아지면서 8년 전부터 나는 자기 전에 그날 있었던 통화 목록과 문자를 확인한다. 그리고 가망고객별 메모리 메모 작업을 시작한다. 하루도 빠짐없이 말이다. 이렇게 쌓이는 DB는 무엇과도 바꿀 수 없는 자산이 된다는 걸 누구보다 더 잘 알기에 귀찮음도, 게으름도 당당히 극복할 수가 있었다.

특히 수많은 고객의 요청을 기억하고 해결하기 위해 메모를 습관적으로 하는 나에게 '네이버 캘린더' 기능은 아주 큰 도움을 준다. 객실 예약 요청은 초록색, 골프 부킹 요청은 보라색, 미팅 약속은 빨간색, 서포터 비서가 할 일은 노란색, 나의 할 일은 파란색으로 표기하는데, 이렇게 색을 달리하여 알아보기 쉽게 구분해 놓는다. 특히 파란색으로 표기하는 '나의 할 일'은 정말 사소하고 잡다한 것, 이를테면 카드 해지하기, 관리실에 전화하기 등으로 진짜 이런 것까지 써놓는다고 놀랄 정도로 디테일하게 저장해둔다. 추후 특정한 날의 기억을 상기해야 할 일이 생겼을 때 많은 도움이 되기 때문에 기록해

두는데, 확실히 시간이 지난 후에 찾아봐도 생생하게 기억나서 좋다.

가망 회원이든 기존 고객이든 영업맨인 자신의 존재를 끊임없이 알리고 그들을 계속 잊지 않고 챙기고 있다는 느낌을 주는 건 정말 중요하다. 그러니 그들에게 뭔가를 계속 보내라. 그러면 기분 좋은 응답이 있을지니.

#3. 자신만의 루틴을 만들어라

내게 복을 가져다줄 좋은 반복을 가져라

'루틴(Routine)'이라는 단어를 많이 들어봤을 것이다. 사전적 의미는 운동선수들이 최고의 운동 수행 능력을 발휘하기 위하여 습관적으로 하는 동작이나 절차를 말한다. 예를 들면 어느 한 선수가 경기 3시간 전부터 운동장을 꼭 15바퀴 뛰고 체조를 한다거나, 운동장의 선을 밟지 않고 선수 대기실로 들어가는 것과 같은 것이다.

'루틴'이라는 단어가 처음 유행할 무렵 나도 성공한 사람들의 루틴을 보며 무작정 따라 했다. 맨 처음 나의 벤치마킹 모델은 현재 20년 차에 접어드는 레저 컨설턴트 G 부장님으로, 항상 매출 상위에 랭크되는 유능한 영업맨이다. 신기한 건 그가 비주얼이 뛰어나다거나 언변이 화려해서 사람들의 혼을 쏙 빼놓는 그런 스타일은 아니어서 처음에 그의 눈부신 실적을 보고 의아했었지만, 그의 어마어마한 루틴을 지켜보고 나서는 인정할 수밖에 없었다.

그는 항상 같은 시간에 기상하여 같은 식단의 식사를 한다. 점심 산책과 골프 연습을 매일 빠뜨리지 않는다. 또 회사에 출근해서는 오로지 고객과의 전화통화와 DM 및 우편물 발송만을 한다. 하지만 제일 놀라운 것은 매일 10년 넘게 한결같이 이런 모든 루틴을 SNS에 업로드 하는 것이다. 매일 영업일지를 쓰듯 말이다.

블로그나 인스타그램 등 SNS에 글을 한 번이라도 올려본 사람은 알 것이다. 업로드 하는 과정이 얼마나 귀찮고 힘든지 말이다. 일주일에 한 번 레저 및 업계 동향을 정리해서 고객분들에게 배포하는 것도 힘들었던 나는 직원을 채용했고, 그 직원의 도움으로 업로드 하고 있었다. 하지만 이에 반해 그는 매일 본인이 직접 자신의 루틴을 있는 그대로 올렸는데 이건 실로 엄청난 일이 아닐 수 없다. 그것도 매일 10년을 한결같이 말이다. 그런 모습을 봐와서인지 나 또한 위크 레터나 문자 발송을 꾸준히 하게 됐고, 이제는 나의 루틴이라고 해도 될 만한 당당한 나의 영업 습관이자 비결이 됐다.

또 나의 루틴을 만들어 내는 데 일조한 사람이 있는데, 그는 바로 펜싱 국가대표 박상영 선수다. 2016년 리우 올림픽 펜싱 에페 결승전에서 9대 13으로 지고 있었고 종료 3분 전이었을 때였다. 패색이 짙은 상황에서 박상영 선수는 '할 수 있다'를 주문처럼 외웠다. "할 수 있다. 할 수 있다. 할 수 있다. 후우~ 할 수 있다."라고 말이다. 주문이 통했는지 결국 최종 점수는 15 대 14로 역전! 그렇게 스물한 살의 박상영은 한국 올림픽 사상 최초의 펜싱 에페 금메달을 목에 걸었다. 그때 '할 수 있다'라며 되뇌었던 그의 모습이 내 머릿속에 강하게 박혔다.

그 이후로 나는 박상영 선수의 긍정적인 태도를 바탕으로 한 습관 기르기에 총력을 다했다. 힘들고 지쳐서 자꾸 포기하고 싶을 땐 나만의 극복 방법을 찾아 그대로 했다. 그중 하나가 내 마음을 알아주는 노래를 들으며 다시 나를 세우고 격려하는 것이었다. 힘들어서 그만하고 싶을 때나 포기하고 싶을 때 자기암시 차원에서 이적의 '말하는 대로'를 들었다. '말하는 대로 말하는 대로~ 될 수 있다고 될 수 있다고~ 그대 믿는다면~ 마음먹은 대로~~♪'라는 가사를 들으면 진짜 내가 맘먹은 대로 될 수 있겠다는 생각이 들었다. 마치 이 노래는 주저앉고 싶을 때마다 나를 일으켜 세워주는 '마법의 알약'과도 같았다.

더불어 고객을 상대하며 힘이 들 땐 윤도현의 '흰수염고래'라는 노래로 위로를 받았다. '더 상처받지 마 이젠 울지마 웃어봐~ 너 가는 길이 너무 지치고 힘들 때~ 말을 해줘 숨기지 마 넌 혼자가 아니야~~♪♬'라며 가수 윤도현 님이 위로해 주면 어느새 나도 모르게 다시 일어설 힘이 생겼다.

7년 동안 영업 실적 1위를 지킨 비결이 무엇이냐고 많은 사람들이 물어본다. 그러면 나는 성실함과 꾸준함을 바탕으로 영업을 위한 긍정적인 나만의 루틴을 만든 것이 그 비결이라고 자신 있게 말한다. 영업은 '도박'이 아니라 '도전'이다. 도전이 성공이라는 모습으로 보이기 위해서는 끊임없이 노력해야 한다는 것은 자명하다. 포기하는 순간 도전은 사라지고 성공은 꿈도 못 꾸기 때문이다.

'할 수 있다고 믿는 사람은 그렇게 되고, 할 수 없다고 믿는 사람은 그렇게 된다.'라는 샤를 드골의 한 줄 명언을 항상 눈에 보이는 곳에 붙여 놓고 상담을 갈 때 항상 되뇌며 가는 것도 나의 루틴이라는 걸 빼먹을 뻔했다. 영업하다 보면 지쳐서 포기하고 싶은 순간이 매번 찾아온다. 그만큼 힘든 일이라는 뜻이다. 그렇지만 쓰러지고 포기하고 싶을 때 나를 지탱해 주는 건 기계적으로, 그리고 반복적으로 했던 나의 '루틴'이다. 몸에 밴 이 루틴을 하루라도 하지 않으면 입안에 가시가 돋칠 정도가 되면 아무리 쓰러지고 싶어도 그리되지 않는다. 지금의 빡센 루틴이 나중에는 루스한 여유를 만들어 줄 것이다. 힘들어도 포기하지 않을 내게 복을 가져다줄 좋은 나만의 '반복'을 지금 당장 만들자.

#4. 매뉴얼을 만들어라

시스템을 만들고 싶다면 매뉴얼부터 만들어라

직장에 몸을 담았던 사람이라면 '매뉴얼'이라는 단어는 한 번쯤 들어봤을 것이다. 어떤 조직이건 간에 시스템 구축에 있어 가장 근간이 되는 것이 '매뉴얼'이다. 매뉴얼은 내용이나 이유, 사용법 따위를 설명한 글로써, 잘 사용하면 보석 같은 존재지만 그렇지 못하면 아까운 A4 묶음에 지나지 않는다.

나 또한 업무 매뉴얼이 있으면 좋겠다는 생각을 했지만, 초창기에는 크게 필요성을 느끼지 못했다. 하지만 고객과 상담을 하면 할수록 80%가 거의 비슷한 질문을 한다는 걸 느꼈고, 일일이 매번 같은 답을 해주다 보니 이게 너무 비효율적이고 소모적인 일이라는 걸 느꼈다. 그래서 만들어 낸 것이 '정준교닷컴(https://jungjunkyo.com)'이다. 이곳에는 13년 동안 일해온 나의 노하우는 물론 리조트 회원권과 관련된 모든 정보가 담겨 있다고 해도 과언이 아니다. 13년 동안 얼마나 많은 고객을 만났을 것이며, 얼마나 많은 상담을 했겠는가. 그 사례들에 대한 결괏값을 홈페이지에 데이터화 해서 신규 고객이나 상담을 원하는 고객들에게 큰 도움을 주고 있다. 이 사이트는 나의 경력과 노력이 가져다준 나만의 강력한 무기임이 틀림없다고 자부한다.

물론 처음에는 매뉴얼을 거창하게 만들어 보겠다는 계획은 없었다. 다만 바쁜 일정 중에 걸려오는 전화 횟수와 통화 시간을 좀 줄여보자는 취지에서 만든 것이 이 사이트다. 그리고 이 매뉴얼을 만들게 된 계기가 또 있는데, 그즈음 나는 과중한 업무를 덜기 위해 날 도와줄 직원을 채용했고, 그 사원이 너무나 잘해줘서 만족스러워하고 있었다. 그런데 문득 이런 생각이 들었다. '이렇게 많은 걸 대신해 주고 있는 이 고마운 직원이 갑자기 일신상의 이유로 그만두게 된다면 나는 어떻게 되는 것일까?' 순간 걱정과 공포가 머릿속에 가득 찼고, 그때 딱하고 '매뉴얼'이 떠올랐다. '어느 누가 오더라도 단기간에 일을 빨리 배울 수 있게 하여 업무 공백이 없도록 매뉴얼을 만들자.'라는 생각 말이다.

나는 바로 행동에 옮겼고 모든 항목을 카테고리화 하여 체계를 갖추도록 했다. 되도록 글보다는 캡처를 통해 시각화를 시켰고, 예약 방법, 회원권 계약 절차 및 결제방법까지 남녀노소를 막론하고 보기 좋고 이해하기 쉽게 만들었다. 이렇게 만들어 놓으니 활용할 일은 너무 많았고 효과도 좋았다. 고객들에게 문의가 왔을 때 해당하는 항목에 맞는 내용을 바로 보내줄 수 있게 되었고, 아무리 많은 문의를 해도 매뉴얼이 건재하기에 거뜬히 신속하게 보내줄 수 있었다. 급기야 나중에는 전국의 각 리조트 체인별 전경 사진을 직접 찍거나, 근처 관광지나 맛집 리스트도 이미지화해서 고객들에게 퍼나르기도 했다. 정보의 정확성은 물론 속도와 풍성함을 담으니 고객에게 호응이 좋았음은 당연지사.

시스템이 잘 돌아가려면 매뉴얼은 반드시 필요하며, 이

매뉴얼은 최대한 구체적이면서도 잦은 업데이트를 통해 최신 버전으로 구비해야 한다. 매뉴얼의 위력은 생각보다 크고 세다. 쓸데없는 페이퍼 워크가 아니라 생존을 위한 필수 문서다. 귀찮다고 생각하지 말고 지금부터 하나하나 항목별로 만들자. 일을 도와줄 사람을 쓰자니 인건비는 비싸고, 최전선에서 영업을 뛰는 영업맨에게는 시간이 '금'이다. 대체 가능한 업무로 세팅해 놓는 것이 중요하며 이 모든 걸 매뉴얼이 대신해 줄 것이다. 잘 만든 '매뉴얼' 하나가 '금' 그러니까 '시간'을 벌어다 줄 것이다.

#5. 영업을 잘 하기 위한 기본기

Back to the basic

"영업을 잘하기 위해서는 어떻게 해야 하나요?"

영업을 준비하거나 재직 중인 사람들이 나를 만나면 제일 많이 물어보는 질문이다. 영업을 잘하기 위해서 어떻게 해야 하는지는 나도 고민을 많이 해봤던 질문이기도 하다. 시중에는 고객을 설득하기 위한 스킬이나 영업 마인드, 멘탈 잡는 법 혹은 마케팅 기법을 알려주는 책이 어마어마하게 유통되고 있다. 이 사실은 영업을 잘하고 싶은 사람들이 많다는 것을 방증하는 것이기도 하다. 물론 영업을 잘 하기 위해서는 이러한 기술적인 부분들이 매우 중요한 것 또한 사실이다. 특히 영업으로 크게 한방 벌고 싶은 사람일수록 그 기술이나 전략에 대해 적극적으로 물어보는 편이다. 그런 사람들에게 내가 꼭 강조해서 알려주는 비법이 있다. 뭐 비법이라고 하니까 엄청 대단한 내용이라고 생각할 수는 있겠으나 그리 거창하거나 놀라운 것은 아니다.

그 비법은 바로 'Back to the basic!!!' 너무 당연하고 뻔한 내용이라 실망할 수도 있겠지만 이것만큼 중요한 비법은 없다. 기본기를 갖추는 것이 영업의 기본이라는 것이다. 그렇다면 영업의 기본기는 무엇인가? 영업은 기본적으로 맨투맨 사업이다. 사람을 상대하는 일이라는 것이다. 제품을 설명하든 서비스를 상담하든 계약을 하든 사람을 만나야 뭐든 성사되는 일이다. 그렇기에 사람을 만날 때 기본을 지켜야 함은 당연한 일인데, 그 기본을 가볍게 여기는 사람들이 생각보다 많다.

영업하는 사람으로서 가장 첫 번째 기본으로 갖추어야 하는 게 '깔끔한 외모'다. 잘생긴 외모를 가지고 있어야 한다는 말이 아니다. 나 또한 잘생긴 얼굴이라 하기엔 눈치가 보이지만 깔끔한 외모만큼은 갖고 있다고 자신 있게 말할 수 있다. 단정한 슈트, 깔끔한 헤어스타일, 기분 좋은 향기를 기본으로 장착하고 있다는 말이다. 이 세 가지만 갖추고 있어도 이미 영업의 절반은 성공했다고 해도 과언이 아니다. 이 세 가지를 갖추는 게 영업을 위한 일종의 투자라고 생각하기 때문에 돈과 시간을 아끼지 않는다. 이렇게 강박적일 정도로 외모를 챙겨보게 된 계기가 있다.

A 보험회사에 다니는 지인을 통해 보험 계약을 했지만, 그분이 개인 사정으로 인해 퇴사하게 됐고, 보험회사 규정상 반드시 다른 담당자를 정해야 하는 상황이 발생했다. 그래서 새로 지정된 담당자와 카페에서 만나게 됐다. 젊은 남자분이셨는데 멀리서 봐도 훈남이었다. 얼굴도 잘생긴 편에 속했고 키도 훤칠했다. 뭔가 괜한 기대감이 생기려는 찰나 그가 내 앞자리에 앉는 순간 그 기대감은 와장창 깨졌다. 이유인즉 불쾌한 냄새로 쩔은 그의 체취 때문이었다. 입을 열어 말을 할 때마다 그 묵은 담배 냄새와 역한 구취는 도저히 그곳에 앉아 설명을 들을 수 없게 만들었다. 급하게 핑계를 대고

나는 그 자리를 도망치듯 빠져나왔다. 기존 고객을 인계받는 자리라 본인에게 직접적인 도움이 되는 고객은 아니었겠지만, 혹시 모를 가망고객이 될 수도 있는 기회를 본인 스스로 싹둑 잘라 버린 것이다. 본인은 아는지 모르겠지만 너무나 안타까운 상황이었다. 알려주기도 민망해 그냥 자리를 떴는데, 그 보험회사 직원은 아직도 영업하는지 궁금하다. 아마 모르긴 몰라도 결코 잘나가는 영업맨은 되지 못했을 것이다. 요즘은 여자뿐만 아니라 남자도 꾸미고 다듬어야 하는 시대다. 메이크업까지는 부담스럽겠지만 선크림, 비비크림을 발라주는 노력 정도는 해야 하지 않을까? 구강청결제는 물론 향수나 의류 탈취제도 성능 좋지만 저렴한 것이 많으니 영업맨으로서 본인에게 나는 냄새도 관리할 필요가 있다. 악취가 나는 사람을 좋아할 사람은 아무도 없다. 반대로 향기가 나는 사람은 다시 돌아볼 정도로 강렬한 기억을 남기므로 냄새도 꼼꼼하게 챙기자.

두 번째는 깨끗한 환경을 갖춰야 한다는 것이다. 깔끔한 공간이 주는 안정감과 상쾌함은 신선한 아이디어를 생각나게 하거나 좋은 에너지를 만들어 내는 데 분명한 효과가 있다. 총각 시절, 나는 깔끔함과는 거리가 멀었다. 바쁘다는 핑계로 빨래나 설거지는 모아 두었다가 더는 미룰 수 없을 때까지 그냥 뒀다. 외적인 모습에만 신경을 쓰고 내가 살고 있는 공간은 전혀 신경 쓰지 않았던 것이다. 그래서인지 밖에서 영업을 하기 위해 이리저리 뛰어다니던 때보다 집에 있는 시간이 더욱 지치고 힘이 빠졌다. 에너지를 충전하는 곳이 아니라 에너지를 뺏기는 기분이랄까? 하지만 미루고 미뤘다가 청소를 한 날이면 그렇게 기분이 좋을 수가 없고 의욕과 열정이 불타올랐다. 운 좋게 지금은 깨끗하고 부지런한 와이프를 만나 항상 깨끗한 공간에서 생활할 수 있어 얼마나 다행인지 모른다.

집뿐만 아니라 자동차 공간도 마찬가지다. 영업하는 사람들에게는 자동차 공간도 굉장히 오래 머무르고 있는 공간이기도 하다. 혹시 모를 고객을 태울 수도 있고, 인연을 맺을 수도 있는 새로운 사람이 우연히 탈 수도 있으니 자동차 공간도 항상 깨끗하게 유지할 필요가 있다. 사무실에 자주 상주하고 있지는 않지만 내 책상 위와 주변 공간도 깔끔하게 정리 정돈을 하거나 청소해놓는다. 실제로 리조트 회원권의 가격이 높다 보니 경제적으로 여유가 있거나 소위 성공한 사람들을 많이 만나는데 그 댁을 방문하면 대부분 정말 깨끗하다. 성공의 기본 조건이 깔끔함이라는 데 이견이 있을 수 없는 대목이다.

　마지막으로 챙겨야 할 기본은 자신감 있는 목소리와 인사성이다. 영업직이라 누구보다 사람들을 많이 만나봤다고 자부할 수 있는 사람으로서 자신감 없고 인사성 없는 사람이 영업으로 성공한 사례는 본적도, 들은 적도 없다. 영업이 가장 활발하게 이루어지는 곳이 백화점이라 그곳에 갈 때마다 영업사원들의 태도를 유심히 살펴보는 게 습관이 됐다. 그런데 고객의 구매 욕구보다 영업사원의 태도에 따라 구매 여부가 정해진다는 걸 직접 겪어보고 깨달았다. 구매를 위해 매장에 들어온 손님을 멀뚱멀뚱하게 보거나 여러 상품을 보여 달라는 고객에게 시큰둥하게 대하는 태도를 보여주는 직원이 있으면 꼭 필요한 물건임에도 불구하고 사지 않게 되었다. 반대로 급하게 필요한 것은 아니었지만 친절한 미소로 이것저것 설명해 주며 쇼핑을 도와주는 직원이 있으면 괜히 한 개라도 팔아주고 싶은 생각에 구매 리스트에 없는 물건을 산 적도 많았다. 타 업종도 마찬가지라 생각한다. 영업사원의 태도에 따라 구매 여부가 결정된다는 걸 절대로 잊지 말자. 디테일한 고급 영업 스킬 보다는 단순하지만 당연한 기본기가 영업에는 훨씬 도움이 된다는 것을 말이다. 그래서 나는 미팅이 예정되어 있기 전 끊임없이 연습한다. 자신감에 차 있는 설명을 위해 연습하고, 편안하고 기분 좋은 표정과 미소를 연습한다. 영업으로 성공한 사람들은 모두 이러한 기본기를 갖추고 있다는 걸 기억하며, 상품에 대한 자신감과 친절함, 그리고 반가운 인사는 반드시 갖춰야 할 영업맨의 덕목이라는 걸 상기하자.

PART 03

그렇게 하면 실패합니다!
위기극복 솔루션

경청

내 귀가 나를 가르친 스승이다

- 칭기즈칸 -

#1. 슬럼프 극복기

슬럼프는 쉼표로 극복하라

　슬럼프. 듣기만 해도 힘 빠지고 답답한 단어다. 정말 가까이하고 싶지 않은 단어임에도 불구하고, 항상 밝은 긍정맨이라고 자부하는 나에게도 슬럼프가 찾아왔었다. 내가 영업의 길에 뛰어든 13년 동안 경기가 좋았던 해는 단 한 번도 없었다. 하지만 경기와 상관없이 능력 있는 영업맨은 실적이 항상 좋다. 어느 분야에서건 적용되는 '파레토의 법칙'이 있다. 이탈리아의 경제학자 V.파레토가 발표한 법칙으로, 일명 '8:2 법칙'이라고도 불리는데 이는 상위 20%가 전체 생산의 80%를 해낸다는 이론이다. 리조트 회원권 영업에도 마찬가지로 특출난 영업사원 20%가 전국 매출의 80%를 이뤄내고 있는 실정에서 나 또한 상위 20%에 들기 위해 부단히 노력해왔다. 계약을 따내지 못한다는 건 실업자와 다름없기 때문에 하루하루, 한 달 한 달 계약 건수와 사투를 벌였다. 그 과정에서 겪어야 했던 스트레스는 어마어마했고, 그러다 결국 사달이 났다.

2016년 여름의 어느 날이었던 걸로 기억한다. 리조트 영업은 봄에서 여름 시즌이 가장 성수기다. 날씨가 점점 좋아지면서 여행에 대한 수요가 커지며 이에 따라 많은 사람들이 리조트에 관심을 갖게 되기 때문이다. 피크는 단연 여름휴가. 직장인에게는 어쩌면 1년 중 가장 큰 이벤트라 할 수 있기에 예약도 많고 상담 요청도 가장 많은 시즌이다. 그러다 보니 제때 퇴근은커녕 끼니도 거의 못 챙기기 일쑤였고 체력 소모도 엄청 컸다. 그것이 원인이 되었는지 운전하던 도중, 갑자기 눈앞이 흐려지고 눈가 떨림이 오더니 안면 마비가 오는 듯한 경직이 느껴졌다. 너무 놀란 나머지 급하게 근처에 주차하

고 쉬고 있었는데 그때 '번쩍'하고 드는 생각이 있었다. '아~ 이러다 진짜 죽을 수도 있겠구나!'

다음 날, 걱정할 아내에게는 아무런 내색도 못 하고 회사 근처 가까운 정신의학과 병원을 혼자 찾았다. 정신과 상담 후 극심한 스트레스성 공황장애라는 진단을 받았고, 의사 또한 이 상태가 계속된다면 쓰러질 수도 있으니 잠시 모든 걸 중단하라며 휴식을 권고했었다. 하긴 그도 그럴 것이 하와이로 신혼여행을 가서도 영업을 위해 2~3시간 상담을 했으니 말 다 했지 않은가. 부재중 번호가 뜨거나 모르는 번호로 전화가 오면 다른 영업사원에게 고객을 뺏긴다는 마음에 지체 없이 피드백을 했고 장소와 시간을 불문하고 상담을 해댔다. 그러던 나였지만 전문의의 심각한 진단을 받고 나서는 정말 이러면 안 되겠다 싶었다. 그래서 가장 먼저 핸드폰에 구속되어 있던 생활에서 나를 꺼내기로 했다. 전화를 못 받아도 전전긍긍하지 않고 천천히 여유를 갖고 피드백을 했다. 식사 중에는 먹던 밥을 다 먹고 회신을 했다. 살아야겠다는 마음으로 예전과는 너무나 다르게 한 억지 행동이었지만 하다 보니 습관이 되어 한결 여유를 가지게 되었다. 여유를 가지니

#1. 슬럼프 극복기

영업 마케팅을 위한 다양한 아이디어도 떠올랐다. 어쩌면 전화위복의 시간이 될 수도 있겠다는 생각이 들었고, 아이러니하게도 계약에 미친 사람처럼 뛰어다니지 않았던 2016년에 나는 처음으로 전국 1등에 내 이름을 올렸다.

두 번째 슬럼프는 전 세계를 공포로 몰았던 '코로나 시국'에 찾아왔다. 다들 알다시피 2020년 2월부터 여행은 물론 이동조차도 제한되고 금지됐다. 코로나의 검은 재앙이 들이닥칠 줄 예상도 못 했던 터라 나는 어느 때보다 희망차게 2020년을 시작했다. 하지만 웬걸? 연초에는 법인들이 복리후생 예산으로 리조트 회원권을 구입하거나 재계약을 많이 하는데 코로나 직격탄으로 인해 구매 취소와 연기가 줄을 이었다. 더 최악인 건 계약 비수기인 3월부터 신규 계약은커녕 가망고객에게 광고 문자를 보내는 것도 민폐인 시간이 오랫동안 지속되었다. 그때 전체 영업사원의 90%가 무실적을 기록했고 실적과 상관없이 따박따박 월급이 나오는 샐러리맨들이 한없이 부러웠다. 그때는 정말 숨 쉬는 것조차 고통이고 힘겨움이었다. 상황은 계속 나빠졌고 집에서 머무르는 시간이 늘어나면서 고통은 배가 됐다.

하지만 의외의 상황에서 슬럼프 극복을 위한 반전의 신호탄이 울렸다. 격리되고 제한이 커질수록 나가고 싶은 사람들의 욕망은 커졌고, 피폐해진 신체와 정신을 돌보기 위해 힐링 여행에 대한 니즈가 점점 높아져 갔다. 게다가 해외여행이 막히면서 모든 여행 수요가 국내로 돌아선 것도 기회로 작용했다. 감염 예방을 위한 개인별 실내 활동이 늘면서 스크린 골프 연습장 이용률이 급속도로 높아진 것 또한 호재였다. 결국, 분양가 대비 가성비 높은 우리 회사 분양상품이 소위 대박을 쳤다. 2020년 최초 개인 분양 최다실적을 달성하며, 그때를 시작으로 100구좌, 200구좌, 250구좌를 순차적으로 최단기간에 만들어 냈다.

정말 인생사 '새옹지마(塞翁之馬)'다. 잘 나갈 때도 있지만 바닥을 칠 때도 있다. 마냥 죽으라는 법도 없고 영원히 탄탄대로일 수도 없다. 그저 누구에게나 오는 슬럼프가 건강하게 잠시 머물다 가게 하는 것이 중요할 뿐. 책임감과 완벽함을 바탕으로 최선의 노력을 다해야 함은 당연한 얘기지만 영업매출만큼이나 나 자신도 중요하다는 걸 잊지 말아야 한다. 영업을 위해 뛰어다니는 사람도, 매출을 만들어 내는 사람도 다름 아닌 '나 자신'이기 때문이다. 자기의 몸에서 보내는 SOS 신호에 귀를 기울이고 상태를 눈여겨봐야 한다. 바쁜 일과 중에서도 오롯이 자기 자신만을 위한 시간을 가지며 '쉼표'가 있는 루틴을 만드는 것은 선택이 아니라 필수다. 슬럼프가 온다면 두려워하지 말고 잠시 쉬어가라는 사인으로 여기자.

#2. 나와 맞지 않는 고객은 빨리 정리하라

진상 고객은
진심 거르는 게 상책

"산업안전보건법에 따라 고객 응대 근로자 보호 조치를 시행하고 있사오니 고객 응대 근로자에게 욕설 및 폭언은 하지 말아 주세요."

어쩌다가 고객 센터에 문의를 하고자 전화를 걸면 나오면 콜센터 안내 문구다. 감정 노동자라고 하여 콜센터 직원들의 인권을 보호하기 위한 장치라고 하는데, 우리 영업맨들에게도 이런 장치가 있었으면 좋겠다고 생각한 적이 종종 있다.

자주 있지는 않지만 소위 '진상 고객'을 마주할 때가 사실 가장 힘든 순간이다. 영업사원들에게 빼먹을 수 있는 건 모조리 빼먹어야 한다는 굳은 신념(?)을 가진 분들이 있다. 그래서 계약을 앞두고 영업사원이 해줄 수 있는 혜택들을 업체별로 비교하여 여러 명의 영업맨들과 거래를 시도한다. 물론 자본주의 사회에 무한 경쟁은 당연한 이치다. 하지만 계약서 사인을 무기 삼아 무조건 원하는 대로 해달라며 막무가내로 나올 땐 정말 그만두고 싶어지는 게 사실이다.

'어디에 누구 사원은 이런 걸 해준다더라' 하면서 경쟁을 부추기고 혹은 자신이 받고 싶은 혜택을 콕콕 짚어 무료로 받고 싶다며 대놓고 얘기하는 경우도 많다. 이럴 때 기억해야 하는 건 이런 모습을 보이는 고객의 니즈는 절대 맞춰줘서는 안 된다는 것이다. 이런 고객은 계약 이후 더 심해지면 심해지지 절대 덜해지진 않을 테니까 말이다.

물론 '진상 고객'이라는 느낌이 '팍' 오더라도 나의 계약서에 사인해 줄 사람이라는 생각 때문에 꾹 참게 되는 게 인지상정이다. 하지만 앞으로 더 심해질 진상 고객의 '안하무인'식 생떼는 나의 정신건강을 해치고 멘탈을 붕괴시킬 주요 원인이므로 애초에 싹을 잘라 버려야 한다. 날마다 잡초처럼 자라나는 바오밥 나무의 싹을 부지런히 제거하지 않으면 그 싹은 자라고 자라서 소행성 B612호를 파괴하게 된다는 어린 왕자의 말이 떠오른다. 진상 고객도 '바오밥 나무'의 싹과 같아서 아니다 싶은 고객을 만나면 '싹둑' 인연을 끊어야 한다. 물론 계약 한 건 한 건이 수익과 직결되다 보니 눈앞의 계약에 눈이 멀어 무조건 먼저 사인부터 받고 싶은 유혹이 들겠지만, 그 유혹 뒤에는 엄청난 대가를 치러야 함을 잊지 않아야 할 것이다.

실제로 스위트 3천만 원 회원권을 기명 회원으로 가입한 고객이 있었는데, 가입 당시 규정에도 없는 혜택들을 무리하게 요구했었다. 당시 초짜였던 나는 계약서 한 장에 목숨을 걸던 터라 당황스러웠지만, 그 요구를 들어주기로 했다. 하지만 더 큰 문제는 계약 이후 발생했다. 그 고객은 지인들도 사용하게끔 하고 싶었는지 계약 내용과는 다르게 무기명 회원권의 혜택을 자신도 누리게 해달라며 규정상 안 되는 요청을 무리하게 해댔다. 게다가 해당 회원권으로 예약할 수 있는 룸이 30평대였음에도 불구하고 50평대를 예약해 달라며 시도

때도 없이 연락하기도 했다. 물론 업무 특성상 예약을 도와드리는 건 당연한 일이라 생각하고 있었지만, 상식을 벗어난 요구에 매우 힘들었다. 밤늦은 시간 술자리에서 호기롭게 지인들에게 허세를 부리고 싶었는지 막무가내로 당장 예약을 해놓으라고 소리를 치는 바람에 너무 당황했던 기억도 있다. 마치 개인 비서 취급을 하는 그 고객의 태도에 화가 치밀었던 적도 많았다. 물론 웬만하면 고객의 니즈나 조건을 맞춰 주려고 하지만 적정한 선을 넘는 경우에는 영업사원도 사람인지라 참아내기 힘든 경우가 너무 많다.

그뿐만이 아니었다. 본인이 원하는 대로 예약이 잘 안된다고 회사 홈페이지에 지속적인 컴플레인을 걸어 자신의 입장을 중심으로 없는 얘길 지어내며 나를 곤경에 빠뜨린 고객도 있다. 빠른 마무리를 위해 사비를 털어 그 황당한 요구를 들어주었고 이해는 안 되지만 울며 겨자 먹기로 사과를 한 적도 있다. 이렇게 여러 번의 혹독한 대가를 치르고 난 다음 엄청난 교훈을 얻었다. '한번 진상 고객은 영원한 진상 고객'이라는 것을 말이다. 처음부터 무리하게 안 되는 요구를 하는 사람은 아까워도 눈물을 머금고 선을 긋는 게 나의 정신건강과 앞으로의 영업활동에 훨씬 도움이 된다는 것을 말이다.

게다가 7년 연속 영업판매 1위를 기록하고 있어서인지 엄청 특별한 걸 기대하고 요구하시는 분들도 많은데, 내가 할 수 있는 건 규정 내에서 최대한 내가 가진 능력을 활용하여 예약을 성공시키거나 이용에 불편함이 없도록 성심성의껏 빠르고 센스 있게 일을 처리해 주는 것이다. 리조트 회원권 영업도 자동차나 보험과 마찬가지로 계속적인 A/S 서비스가 엮여있어 고객과 자주 소통하는 것이 중요하다. 그런 차원에서 계속 무리 없이 소통할 수 있고 나를 최소한 파트너로 생각하여 존중해 주는 고객과 계약을 맺는 것이 이 업을 오래 할 수 있는 비결이라 생각한다. 계약서 한 장에 영혼을 팔면 더는 버틸 수가 없다는 걸 기억하고 무례한 '진상 고객'은 빠르게 손절하는 게 나의 소중한 멘탈을 지키는 것이다. 세상은 넓고 고객은 많다. '진상' 고객에게 고통받는 시간에 차라리 '신상' 고객을 찾는 것이 신상에 좋을 듯하다.

#3. 업계 1위의 외로움

영업의 세계에서는 영원한 아군도, 적군도 없다

『2016~2022년까지 7년 연속 회원권 판매 전국 1위!』

다시 말하면 대한민국에서 리조트 회원권을 가장 많이 판매한 사람이 나라는 것이며, 이는 내 피땀 눈물이 만들어 낸 자랑스러운 나의 타이틀이다. 일개 부서에서 1위 하는 것도 쉬운 일이 아닐진대 전국 1위가 되기까지 내가 어떤 노력을 했을지는 말 안 해도 가늠이 될 거라 생각한다. 정말 불가능이란 단어는 내 머릿속에는 없었고 객실 예약과 회원권 계약을 위해서라면 전국 어디라도 달려갔다. 대단한 배경을 가진 것도 아니고 화려한 스펙이라 할 것도 없는 나로서는 성실함과 정직함으로 무장한 열정만이 유일한 나의 빽이고 스펙이었다. 특히 영업이라는 총성 없는 전쟁터에서 살아남기 위해 나는 뼈를 깎는 노력과 고통의 대가를 지불해야 했다. 그 어려운 광고 마케팅 공부도 스스로 해야 했고, 판로를 개척하는 것도 오로지 혼자 감당해야 했다. 영업팀 직원이라면 모두 다 같은 상황이다 보니 영업 노하우를 공유하는 일은 거의 없다. 실적이 곧 능력이자 인격이라는 규칙이 있는 만큼 매 순간 계약 건수에 목숨을 걸어야 하다 보니 오늘의 동료가 적군도 됐다가 아군도 되는 웃픈 현실을 매일 마주하게 된다. 호형호제하던 선배가 계약을 따내기 위해 나를 배신하거나 험담하는 경우도 허다하고, 서로 얼굴만 보면 으르렁대다가 의도치 않게 객실 예약을 도와주기도 하는 일이 생기기도 한다.

물론 이러한 모든 일은 실적, 즉 돈이 얽혀서 생기는 비극인데 자본주의 사회에 사는 만큼 어쩔 수 없이 받아들여야 하는 숙명과도 같은 것이라 할 수 있겠다. 게다가 7년 연속 1위 자리를 뺏겨본 적 없는 나에게는 솔직히 아군보다는 적군이 훨씬 많은 게 사실이다. 시기와 질투는 단골손님이었고, 험담에 허위사실 유포까지 나를 위협하는 사람들의 횡포는 날이 갈수록 심해졌다.

하지도 않은 일을 했다고 하는 건 물론이거니와 영업 시 해서는 안 되는 불법적인 행위를 서슴지 않고 하는 사람으로 둔갑시키는 경우도 엄청나게 많이 목격했다. 나의 블로그에 '회원권 전문가인 제가 정직한 상담으로 예약 부킹에 최선을 다하겠습니다'라는 문구를 올려놓으면 '정직은 개뿔, 너만 정직하냐?'라는 악플을 다는 건 귀엽게 봐 줄 수준이다. 전국 1위라는 타이틀이 있지만, 회원이 많아 제대로 된 고객 관리가 안 되어 회원들의 불만이 폭주하고 있다는 얘기도 애교로 봐줄 수 있다. 하지만 나의 잠재 고객이 될 사람들에게 말도 안 되는 내용을, 사실인 척하는 건 그냥 봐주기는 힘들었다. 특히 계약을 성사시키기 위해 계약할 때마다 워터파크나 부대시설 이용권 수십 매를 구입해 가망 회원에게 주어서 1위를 고수하고 있다는 허위 내용은 정말 도저히 용납하기 힘들었다. '다들 상상력도 풍부하구나'라는 생각을 했고, '그럴 시간이 있으면 자기 회원 한 명이라도 더 관리하는 게 낫지 않을까'라는 안타까움도 들었다.

내가 없는 곳에서 험담과 악플, 허위사실을 유포해도 그 말들은 어디서든 돌고 돌아 내게도 전해졌다. 하지만 그렇게 주위에 나를 음해하는 적군이 많다는 것을 확인했을 때에도 난 그들에게 화를 내거나 큰소리를 내 본 적이 없다. 다만 스스로의 양심에 찔리도록 계약 과정 중에서 알게 된 내용을 언급하며 결국 계약을 딴 주인공은 '나'라는 걸 상기시켜 주기만 했다. 그 상황에서 내가 할 수 있는 최선의 지혜로운 대처는 더 열심히 일에 매진해서 감히 내 자리를 넘볼 수 없게 하는 것이라 생각했기 때문이다. 도저히 따라잡을 수 없이 앞서 나가 그들을 조용히 밟아주는 것이 업계 일인자로서 할 수 있는 품위 있는 복수라고 말이다.

참 아이러니한 게 열받으면 받을수록, 분노가 차오르면 차오를수록 나는 더 강해졌다. 외로움은 커졌지만, 그와 비례해 실적도 커졌다. 그리고 그들의 해코지가 계속될수록 깨달은 것도 많았다. 진짜 그들에게 책잡히는 일은 절대 만들지 말아야겠다는 생각 말이다. 더욱더 정직하게 영업을 해야겠다는 생각을 공고히 해줬으니 나를 음해했던 그들에게 오히

려 고맙다고 해야 하는 건지도 모르겠다.

    수년째 몸담은 영업이라는 전쟁터에서 이리저리 부딪히고 피 흘리며 터득한 진리가 하나 있다. 이 냉정하고 살벌한 전쟁터에서 유일하게 내가 믿을 사람은 오직 '고객'뿐이라는 것이다. 내가 성실할수록, 정직할수록, 열심히 할수록 고객은 말없이 나를 지지하고 믿으며 계약이라는 이름으로 신뢰를 표현해 준다는 것이다. 수많은 고객과 함께 하는 나는 그래서 전혀 외롭지가 않다.

#4. 억대 연봉! 보이는 게 다가 아니다

억대 연봉, 그대로 믿으면 큰 코

『분양영업국 2년 차에 1억 연봉 달성!!』

아직도 생애 첫 억대 연봉이라는 성과를 이뤄냈을 때를 떠올리면 가슴이 뛴다. 처음 분양영업국이라는 조직에 출근하고 받은 월급은 60만 원. 영업활동을 하기 위한 최소한의 식대와 기름값 수준이라고 생각하면 된다. 관리직에서 근무하며 일정한 급여가 따박따박 통장에 찍힐 때와 다르게 영업직으로 와서는 수당제로 바뀌었고 그때 받은 첫 월급은 처참

하기 그지없었다. 그때 느낀 불안감은 가히 공포에 가까웠던 것 같다.

하지만 통장에 찍힌 처참한 입금액은 나의 열정에 엄청난 동기부여가 됐고, 그 이후 나는 오직 영업에 살고 영업에 죽는다는 심정으로 일에만 매달렸다. 그 결과 그 첫해 연봉 6천만 원, 2년 차엔 드디어 꿈에 그리던 연봉 1억을 찍었다. 그때는 말로 설명하지 못할 짜릿한 감격에 정신을 못 차렸었다. 입사 이래 역대 최고 실적을 올렸던 2022년 연봉은 7억! 아직도 그때를 생각하면 가슴이 벌렁거린다.

하지만 영업직의 억대 연봉은 액면 그대로의 금액으로 받아들이면 안 된다. 물론 영업직에 몸담고 있는 사람들은 알겠지만, 영업활동을 하기 위한 제반 비용이 어마어마하게 많이 들기 때문이다. 돈을 많이 벌어도 프리랜서라는 직군은 개인사업자 자격이라 벌어들인 소득에 따라 부과되는 높은 금액의 종합소득세를 내야 하고 사람을 만날 때 들어가는 식비 및 교통비에 품위 유지비까지 그 비용이 만만찮다.

어디 그것뿐이겠는가? 매달 나가는 광고비와 마케팅을 위한 교육비에 개인 업무를 도와주고 있는 사람에 대한 인건비까지 합하면 생각보다 많은 금액이 나간다. 물론 소득이 있는 곳에 세금이 있다고 하지만 실제로 연봉이 높아지니 내야 하는 세금도 많아지는 데다 소득세에 비례해서 내야 하는 건강보험료도 껑충 올라 부담이 이만저만이 아니다. 게다가 계약 이후 감사의 의미로 선물을 준비하는 등 고객 관리 및 유지 차원에서 드는 비용도 있는 데다 고객의 변심으로 인해 부득이하게 환불해야 하는 경우 받았던 수당을 다시 토해내야 하기에 실제로 받는 연봉은 통장에 찍힌 금액에서 30% 또는 50%까지 차감한 금액이라고 해야 맞을 것이다.

하지만 더 큰 부담은 그전 달까지 아무리 영업을 많이 해도 다음 달 1일이 되면 다시 매출액 0원에서 시작해야 한다는 것이다. 이 사실이 주는 중압감과 스트레스는 돈으로 환산하기도 어려워 연봉에서 차감시킬 수도 없는 엄청난 마이너스라고 생각한다. 그래서 당연히 직장인들보다 2~3배 정도는 더 높게 연봉을 받아야 직장인들의 평균 연봉을 유지한다고 생각하면 된다.

그런데 일반 사람들은 영업직의 잘 된 케이스인 높은 연봉의 숫자만 기억하는 것 같다. 그래서 별 준비 없이 영업에 뛰어든 사람 중 중도에 포기하는 경우도 여럿 봤다. 실제로 모 보험회사에 몸담고 있던 영업사원은 밤낮이고 뛰어다니며 실적을 채워 그 대리점에서 1위를 차지했는데, 1위 자리를 뺏기고 싶지 않았던 그는 무리하게 자신의 돈으로 회원들의 보험료를 대납하기도 하며 실적을 근근이 채워나갔다. 하지만 대납 보험료가 누적되면서 점점 많아지다 보니 결국 빚을 지게 되었고, 이 빚을 갚기 위해 무리하게 돈을 빌리는 도중 사기 혐의까지 받게 되어 결국 회사에서는 쫓겨나고 더 큰 빚만 남게 되었다. 억대 연봉의 달콤함에 속고, 1등이라는 숫자에 속아 편법 계약까지 서슴지 않고 자행하게 되면 그 뒤에 맞게 될 후폭풍은 오롯이 자기 몫이라는 걸 알아야 한다. 정상적인 판매 후에 붙는 정당한 수익을 기대해야지, 눈앞의 수당에만 목을 매 자기 무덤을 자기가 파는 일은 하지 말아야 한다.

영업 초창기 때는 계약서 한 장에 벌벌 떨며 "당신 어떻게 해줄 거야?"라고 하면 뭐든지 다 맞춰줬지만, 지금은 사후 관리가 더 중요하다는 걸 알기 때문에 비정상적인 계약은 쳐다보지도 않는다. 좋은 영업사원으로 오래 일할 방법은 그리 어렵지 않다. 체력과 멘탈을 키우고 자신이 옳다고 정한 영업

방침에 따라 고객을 응대하고 매번 성심을 다해 고객을 챙겨주면 계약은 끝없이 쭈욱 계속될 것이다.

얼마 전 멘탈 좋은 노미옥 회원님이 전달해 준 말이 떠오른다. "무슨 일을 하건 학력 센 놈이 아니라 멘탈 센 놈이 살아남는다." 멘탈이 나가지 않으려면 비정상적인, 비상식적인 상황만 만들지 않으면 된다. 즉 비상식적인 편법 계약이나 자신의 돈을 고객 대신 납부하는 일이 없으면 된다는 의미다. 억대 연봉은 그냥 주어지는 것이 아니고 들인 고생만큼 번다는 것을 잊지 말자.

#5. 매너리즘을 매너 있게 이겨내는 법

매너리즘을 내쫓아줄 초심 찾기

"창업 다마곳치라고 들어본 적 있으신가요?"

'다마곳치'는 1996년 일본의 반다이와 주식회사 '위즈'에서 만든 장난감으로, 기계 안에서 가상의 애완동물을 키우는 시뮬레이션 게임이다. 한때 엄청 유행했던 문화로 응답하라 시리즈라는 드라마에도 나왔던 추억의 기계이다. '다마곳치'를 표방해 나온 '창업 다마곳치'는 온라인 유통에 경험이 없던 친구의 아이디인 '창업 다마곳치'님을 코치하면서 스마트 스토어를 키우는 과정을 보여주는 유명 유튜버 채널에서 나온 말이다. 나 또한 '영업 다마곳치'를 키워본 경험이 있다.

친동생의 친구이기도 한 고향 후배 김인창이 어느 날 찾아와 본인도 분양권 영업 시장에 뛰어들고 싶다고 했다. 당시는 영업 3~4년 차에 접어들던 시절로써 가장 의욕적으로 열심히 했던 시기이자 연봉이 수직상승 했던 때였다. 아무래도 취업을 준비하고 있던 후배 입장에서는 매우 부러웠던 모양이다. 인창이는 그해 졸업을 한 상태로 사회생활의 경험이나 조직의 쓴맛을 본 적이 없는 상태였다. 그나마 경험이라고는 스키장 강사로서 시즌에 몇 번 알바를 해본 게 다였다. 심지어 외모나 패션 감각도 내세울 게 없었고 말투까지 세련됨과는 거리가 멀었다. 상위 실적을 랭크 했던 영업의 고수들만 보고 쉽사리 영업직에 도전하는 걸로 보였던 나는 그에게 이 길은 생각보다 멀고 험하니 심사숙고해보라며 솔직한 조언을 해줬다. 하지만 이미 맘을 정했다며 강원도에서 상경한 상태라 그 후배를 받아줄 수밖에 없었다. 당시 내가 팀장으로 있던 우리 팀에 배정된 후배는 그때부터 나를 자신의 롤모델이자 스승으로 대하며 일거수일투족을 보고 배우기 시작했다. 물론 괜한 책임감이 발동한 나도 그에게 영업의 A에서 Z까지 모조리 가르쳐 주었다. 업무를 알려 주기에 앞서 그의 말투와 외모 등 눈에 보이는 스타일부터 점검해 주며 자신감을 가질 수 있도록 했다.

먼저 첫 번째 달에는 한 달 내내 회원권 상품을 공부하게 했다. 판매할 상품을 숙지하는 건 가장 먼저 해야 할 과업이기 때문이다. 회원권별로 제공되는 혜택은 기본이고, 전 지역에 걸친 리조트의 부대시설 및 프로그램을 달달 외우게 했다. 또 상담 스킬을 습득시키기 위해 내가 통화로 진행한 상담을 녹음하여 들려주기도 했고, 직접 대동해서 대면 상담을 진행하는 것도 참관할 수 있도록 했다. 더불어 사무실에 상주시켜 그곳에서 대면이든 전화로든 상담하는 영업사원들의 노하우를 어깨너머로 배울 수 있게도 했다. 절박함과 열정이 가득했던 후배는 스펀지처럼 쫙쫙 흡수했고 쑥쑥 성장하는 게 보였다.

두 번째 달에는 현시대의 마케팅 기법 중 가장 기본인 온라인 마케팅에 대해 알려주고 직접 해볼 수 있도록 지도했다. 네이버나 다음 블로그에 1일 1포스팅을 하도록 독려했으며 키워드 광고 방법 등 많은 홍보 노하우를 전수했다.

또 다양한 지역의 리조트 로비에서 운영되고 있는 회원권 상품 부스를 신청하여 직접 현장에서 영업해 볼 기회도 제공했다. 이것은 특히 현장 경험이나 영업 판로가 부족한 신입사원들에게 많이 권장되는 홍보 툴인데 처음 하면 어색해하며 힘들어하는 경우가 많은데 후배는 즐기면서 열심히 노력하는 게 보였다.

세 번째 달에는 직접 계약을 해볼 수 있게 했다. 영업에는 3.6.9 법칙이라는 것이 있다. 3개월, 6개월, 9개월 차에는 실적이 나와야 한다는 것이다. 3개월이 지났음에도 불구하고 실적이 없으면 그때부터는 트라우마처럼 공포가 되어 자신감이 굉장히 떨어지게 된다. 자신감이 떨어지면 더더욱 고객에게 다가서기 힘들고 그것을 알아차린 고객은 다른 영업사원이나 다른 리조트로 가버린다. 몇 번 그러고 나면 다시 자신감과 자존감이 떨어지게 되는 악순환의 무한궤도에 들어가게 되는 것이다.

나 또한 첫 매출, 그러니까 '아이스 브레이크'를 3개월 만에 달성했다. 그 사실을 그 후배에게 주지시키며 멘탈을 잡아

주었고, 드디어 후배는 4개월 차에 첫 계약을 따냈다. 하지만 그 이후 생각보다 영업 실적은 저조했고, 간간이 한 구좌 한 구좌 연명하던 중 그에게 터닝포인트가 찾아왔다. 대명리조트에서는 당시 상조회사를 설립했고, 직원 번호만 있으면 상조상품도 판매할 수 있는 자격이 주어졌다. 회원권 영업이 생각보다 신통치 않다는 걸 확인한 그는 상조상품 판매에 주력하기 시작했다. 사실 상조상품은 소위 '3D'로 알려져 있었다. 돈은 안되면서 제품 내용은 복잡하며 챙겨야 할 일은 너무 많아 영업사원 모두 기피했던 상품으로 유명했다. 하지만 그 후배는 그 점을 블루오션이라 생각했고, 그래서 더 성공할 확률이 높을 수 있겠다고 확신했다. 그렇게 묵묵히 9년이라는 시간 동안 꾸준히 상조상품만을 팔았던 그 후배는 상상도 못할 매출을 기록했고, 이제는 그가 영업한 상조 회원이 역으로 리조트 회원권까지 구매하기에 이르렀다. 정말 '인간 승리'가 아닐 수 없었다. 리조트 회원권 분양은 물론 상조상품 영업에서 억대 연봉이라는 놀라운 실적을 보여주는 인창이가 너무 대견하고 멋있다. 지금은 그전에 비해 누구보다 스타일도 좋고 멋있어졌음은 말할 것도 없다.

목표 달성 이후 조금씩 안주하고 싶어지는 마음이 생기고 슬슬 내 마음에 못된 매너리즘이 고개를 들 때마다 나는 이 후배를 생각하고, 이 후배를 위해 노력했던 당시의 나를 떠올린다. 사람들은 일상이 너무 단조롭고 힘들 때 '초심'을 기억하라는 말을 많이 한다. 하지만 이 '초심'을 찾는 것이 생각만큼 쉽지가 않다. 이럴 땐 '초심'을 가진 초보 영업맨을 직접 키워보는 것도 아주 좋은 방법인 것 같다. 내가 그 영업 다마곳치 후배에게 '초심'의 에너지를 받으며 매너리즘을 깨부쉈고, 그의 성장을 도우며 나 또한 생각지 못했던 성장을 했기 때문이다. 이게 바로 윈윈이자 누이 좋고 매부 좋은 일이 아닌가.

#6. 노력은 보상으로 보답하기

가장 큰 보상은 인정!

강아지를 키웠던 사람이라면 훈련의 기본이 칭찬과 보상이라는 것에 이견이 없을 것이다. 말이 통하지 않는 동물임에도 불구하고 보상이 얼마나 큰 위력을 가졌으면 강아지 주제에 손도 내놓고 죽는 척도 하겠는가. 그만큼 보상이 주는 효과는 어마어마하다는 것이다. 하물며 사람에게 보상이 필요하다는 건 두말하면 잔소리다. 일하다 지칠 때, 혹은 매너리즘에 빠졌을 때 이를 극복할 수 있게 하는 건 보상만 한 것이 없다. 비싼 명품을 사기도 하고 맛있는 음식을 먹거나 여행을 가면서 고생하며 힘든 시간을 보낸 자신에게 보상을 하는 것이다. 하지만 이런 물질적인 보상은 약발이 그리 오래가지 못한다.

그렇다면 가장 강력하고 오래가는 보상은 무엇일까? 바로 '인정'이다. 인정 욕구란 자신의 가치를 누군가가 알아주기를 원하고, 다른 사람의 기대에 부응하여 칭찬을 받고 싶은 욕구다. 그래서 사람들은 인정받기 위해 수십 수천만 원에 달하는 명품 로고를 온몸에 도배하기도 한다. 이는 부자나 성공한 사람이라는 인정을 받고 싶은 심리가 반영되어 있기 때문이다. 또 자신의 능력을 회사로부터 인정받아 승진하면 그것 또한 인정 욕구를 충족시키는 방법이라 볼 수 있다. 마지막으로 주위 사람들로부터 능력 있고 좋은 사람이라는 평판을 받는 것도 인정 욕구가 실현됐다고 할 수 있겠다. 나 같은 경우는 좋은 평판을 듣는 게 가장 큰 보상이다.

회사에서는 판매 실적에 따라 시상을 하며 부상으로 해외 여행과 같은 포상을 준다. 매년 수천 명의 사원이 보는 곳에서 수상자로서 내 이름 석 자가 불릴 때의 쾌감과 짜릿함은 무엇과도 바꿀 수 없고, 어떤 말로도 설명이 불가하다. 어찌나 뿌듯하고 대견한지 그때의 그 기분은 이루 말할 수가 없다. 수년째 참석하고 있는 조찬모임에서도 내가 성실하고 매너 있는 사람으로 평판이 나 있다는 얘기를 듣고 얼마나 뿌듯했었는지 모른다.

사람은 사회적 동물이다. 인간은 홀로 살 수 없으며, 끊임없이 다른 사람과 상호작용을 하면서 관계를 유지하고 함께 어울림으로써 자신의 존재를 확인하는 동물이라는 것이다. 그런 측면에서 봤을 때 타인으로부터 인정받고 싶은 욕구는 너무나 당연한 일이다. 그래서인지 인정받고 싶어 하는 젊은 세대, 특히 MZ세대들은 자신을 드러내고 표현하는 SNS(Social Network Services/Sites)에 빠지기 시작했고, 이런 분위기를 틈타 인스타그램이나 틱톡이 엄청나게 규모가 커졌다.

보상이 목적이 될 수는 없겠지만 목적을 달성하기 위해서는 보상이 수반되어야 한다. 어떤 조직이든 노력에 대한 대가는 반드시 '보상'이라는 이름으로 응답해 주어야 한다. 그래야 잘 돌아가는 조직, 건강하고 바람직한 조직이 된다는 것을 잊지 말아야 할 것이다. 더불어 틈나는 대로 자신에게 소소하지만 확실한 행복을 느낄 수 있는 작은 칭찬을 자주 해주는 것도 잊지 말자.

#7. 절약보다는 투자를 하라

아끼다 똥 된다!
공부하면 돈 된다!!!

사람들은 부자가 되고 싶어 한다. 모두 부자가 되기 위해 일을 하고 돈을 번다. 하지만 돈을 번다는 것은 생각보다 힘들기에 다들 열심히 노력함에도 불구하고 부자로 가는 길은 멀고도 험하다. 더군다나 '큰 부자는 하늘이 내리고 작은 부자는 스스로 만든다'라는 말이 있을 만큼 솔직히 큰 부자가 되기란 '하늘의 별 따기'다. 개인의 노력은 물론이거니와 엄청난 운도 따라주어야 하기 때문에 생긴 말인 듯하다. 하늘이 내리는 큰 부자는 그렇다 치더라도 작은 부자는 스스로 얼마든지 만들 수 있다고 하니 한 번 도전해 볼 수 있지 않을까?

예전엔 잘 사는 부자들의 얘기를 들어보면 대다수가 어린 시절 찢어지게 가난하여 거길 벗어나고픈 절실함으로 노력한 결과 부자가 되었다는 스토리가 기본 옵션이었다. 평범한 가정주부인 어머니와 공기업에서 정년퇴직까지 하고 나온 아버지를 둔 나는 부유하지는 않았지만 그렇다고 힘들게 살지는 않았다. 다만 40~50년생 부모 세대가 그렇듯 근검절약하며 부를 일궈온 분들이라 덕분에 나도 덩달아 절약하는 습관이 몸에 배었었다. 당시는 월급으로도 충분히 살아갈 수 있을 만큼 물가도 비싸지 않았고, 시중 은행이율도 10~15%에 육박해서 리스크를 가진 투자보다는 안정적인 저축이 훨씬 메리트가 있었다. 그래서 절약만 잘해도 잘 먹고 잘 살 수 있었다.

하지만 요즘 재테크나 자수성가로 부를 만지는 20~30대를 보면 근검절약만이 능사가 아니라는 걸 뼈저리게 느낀다. 아무리 내가 아끼려고 해도 물가는 하늘 높은 줄 모르며 치솟고, 사업을 하려 해도 인건비가 높아 엄두도 못 낼 지경이다.

게다가 시간은 유한하기에 나의 시간을 저당 잡혀서 노동으로 돈을 버는 건 아무래도 한계가 있다. 고생해서 돈을 벌다가 어느 정도 안정적으로 돈을 벌게 되면 사람들은 좋은 차, 좋은 옷을 사고 싶어진다. 사람들에게 자신의 부를 드러내고 싶기도 하고 나에게도 보상해 주고 싶은 마음이 생기는 것이다.

그런 식으로 돈맛(?)을 보게 되면 사람들은 돈을 더 쉽게 벌고 싶어진다. 그래서 돈을 많이 번다는 소리만 들리면 자기가 잘 모르는 분야임에도 불구하고 한 방을 노리며 겁 없이 덤빈다. 나 또한 신입 시절 그랬다. 생각보다 많은 급여를 받게 되자 씀씀이가 커졌고, 주식이고 코인이고 동업이고 그냥 되는대로 투자하기에 이르렀다. 결과? 안 봐도 비디오 아닐까? 그렇게 뼈아픈 실패를 경험하고 다시 저축에 열을 올릴 무렵, 내가 상대하는 회원들의 경제적인 여유가 너무 부러워서, 부끄럼을 무릅쓰고 그들에게 많이 물어봤던 것 같다. "어떻게 하면 사장님처럼 돈을 많이 벌 수가 있을까요?", "사모님, 요즘 관심을 두고 계시는 투자처는 어디인가요"라고 말이다. 그러면 열에 아홉은 하나같이 '부동산'이라는 얘기를 많이 해줬던 것 같다. 사실 부동산이라는 게 망해도 어쨌든 없어지는 건 아니니 투자해도 나쁘지 않겠다는 생각이 들었다. 게다가 리조트 분양권 영업이라는 일을 계속하기에 부동산은 내가 신경 쓰지 않아도 되니 나에게는 더할 나위 없이 적합한 투자처였다.

실제로 나는 부동산 투자로 돈을 벌라는 하늘의 계시가 내린 것처럼 영업사원 4년 차에 행운을 맞이하게 되었다. 신혼부부 특별공급이라는 이름으로 아파트 청약에 생애 처음으로 도전했는데 그것이 운 좋게 당첨이 된 것이었다. 영업맨 초창기라 당시 연봉이 1억 이상임에도 불구하고 온라인 광고비와 영업활동비로 나가는 돈이 많았던 터라 소득 조건에 겨우겨우 맞춰졌고, 뱃속에 있던 둘째까지 자녀 수에 들어가면서 청약 가점이 높아진 것이 당첨 비결이었다. 그때 아파트 분양가격은 5억이었고, 나는 아파트의 주택 담보 집단대출 상한선인 4억까지 대출을 받아 여유자금 1억과 함께 납입했다. 기존에 있던 전세금 3억을 받아서 지방에 있는 5억짜리 상가를 2억 대출 포함해서 매입했다. 거기서 나오는 월세가 대략 300만 원이었고, 그 돈은 아파트 대출금과 상가 대출금 총 6억의 대출금 이자를 감당하고도 조금 남았다. 첫 출발치고는 너무나 성공적이었다. 그 후 나는 토지나 오피스텔 등 투자대상을 좀 더 넓히기로 했고 업무 외의 시간에는 투자 공부에 매진했다. 유튜브건 블로그건 책이건 닥치는 대로 배웠다. 실패 케이스도 면밀히 살펴보며 신중하게 공부했다. 급할 건 없었다. 급하면 반드시 후회할 일이 생긴다. 급하면 반드시 실수하기 때문에 천천히 접근했고, 그 결과는 당연히 현재까지도 만족스럽다.

물론 무조건 부동산 투자가 최고라며 100% 추천하는 것은 아니다. 사람마다 성향과 경제 상황이 다르므로 모든 걸 고려해서 자신에게 알맞은 투자를 하는 것이 가장 중요하다. 다만 부자가 되고 싶다면 절약도 좋지만, 소득을 늘리는 것이 가장 중요하다는 것을 말하고 싶다. '하늘은 스스로 돕는 자를 돕는다'라고 했는데, 나는 옛말이 틀린 걸 본 적이 없다. 내가 부자가 되고 싶다면 부자가 되는 방법을 공부하고 그렇게 기회를 엿보다 보면 하늘이 기특하게 여겨 '운'이란 걸 선물해 줄 것이다. 세상엔 공짜가 없기에 대가를 지불했다면 당신의 두 손에는 뭐라도 남을 것이다. 내가 장담할 수 있으니 지금 바로 시작해 보는 건 어떨는지.

PART 04

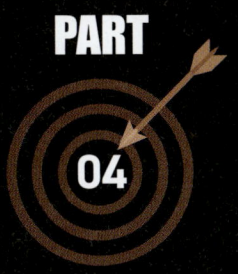

'이걸' 잘하면 다 잘 된다

성공

성공자란 실패에서 많은 것을 배워서,
새롭게 연구해 낸 방법으로 또다시 문제에
뛰어드는 사람을 말하는 것이다

― 데일 카네기 ―

#1. 꿈의 계약_법인에 집중하라

고수라면
꿈의 계약에 집중하라

어느 분야에 적용해도 진리로 통할 말이 바로 '선택과 집중'이라는 문장일 것이다. 영업 분야에 첫발을 내디딜 무렵 판매 루트가 없고 경험과 정보가 전무후무한 나에게 목표 달성과 인센티브는 너무나 요원한 일이었다. 리조트 로비에서 할 수 있는 현장 판매 부스를 신청하여 몸으로 뛰었고, 이것도 모자라 친구나 지인은 당연하고 학연과 지연은 물론 사돈에 팔촌까지 모든 인맥을 동원하여 개인 분양권 판매에 열을 올렸었다. 하지만 고된 몸에 비해 실적은 생각만큼 따라주지 않았다. 실망한 만큼 반성하며 나를 더욱 채찍질했고 그럴수록 너무 힘들어 포기하고 싶어졌다.

그때쯤 자동차 영업부문에서 1등 영업맨인 현대자동차 최 부장님을 알게 됐다. 그분의 전략은 말 그대로 '선택과 집중'의 결정판이었다. 개인 영업을 하지 않는 것은 아니지만 법인 영업에 '올인'하는 영업전략을 펼치고 계셨다. 그래서였는지 자잘한 개인 영업의 실적과 비교할 수 없는 다량의 계약 건수를 매달 기록했다. 유레카!!! 바로 이거였다. 효율 영업의 끝판왕!! 대량 계약 건수를 품고 있는 법인 계약은 한마디로 '꿈의 계약'이었다. 매주 한 건씩 계약해도 52건이지만 일 년에 한 법인과 계약을 성사시키면 개인 계약 기준으로 적게는 3~5건 또는 수십 건에 버금가는 계약을 할 수 있으니 이건 가성비, 아니 노력 대비 가격이 높은 대박 상품인 셈이었다. 어쨌든 한 번의 계약으로 그해 목표를 달성한다는 건 엄청난 매력으로 다가왔다. 그렇다. 내가 원했던 정답은 '법인 계약'이었다.

결론이 이렇게 나오자마자 나는 우리나라의 유명한 구직 사이트를 모두 열어 구인광고에 나와 있는 인사 총무 담당자들의 메일 주소와 연락처를 취합하여 정리하기 시작했다. 리조트 회원권은 복리후생 차원에서 대부분 인사 총무팀이 관리하고 운영하기 때문이었다. 그러고는 100여 명 이상의 담당자들에게 리조트 법인 상품 안내문을 메일로 보냈다. 또한 일일이 정성을 다해 전화를 돌렸다. 조곤조곤하게 용건을 말하고 부담되지 않는 선에서 분양권 상품을 소개했으며 관심이 있으면 언제든지 연락 달라는 TM(텔레마케팅)을 진행했다. 그렇게 나의 에너지를 '법인 계약'에 집중한 결과 실제로 내가 머릿속에 그렸던 장밋빛 미래가 현실로 나타났다. 대량 구좌의 계약이 성사됐고, 계약 이후 최선을 다해 관리에 힘썼다. 역시 진심은 통했고 그 첫 법인 계약을 시발점으로 하여 그 담당자들의 거래처나 동종업계의 인사 총무 라인을 소개받기도 하여 점점 영업 범위가 넓어졌다.

    당시를 회상하면 아찔할 때가 있다. 내가 그 현대자동차 최 부장님을 만나지 못했더라면 여태까지도 개인 영업에만 목을 매며 몸이 부서져라 일을 하고 있을지도 모르기 때문이다. 회원권을 판매하는 것도 중요하지만 사후 관리 또한 그에 못지않게 중요한데 개인 판매에만 집중했다면 지금 같은 실적을 만들어 내지 못했을뿐더러 지금쯤 개인 계약들이 누적되어 사후 관리의 늪에 빠져 허우적대고 있을지도 모를 일이다.

물론 박리다매(薄利多賣)도 좋은 영업전략이다. 그 전략으로 큰돈을 버는 사람들도 많다. 하지만 각각의 영업전략은 그에 적합한 업태가 따로 있다고 본다. 대체로 자동차나 리조트 분양권과 같은 고관여제품(高關與製品)은 박리다매 전략보다는 후리소매(厚利小賣) 전략이 적합하다고 생각한다.

유태인은 장사할 때 이윤을 크게 남기고 적게 파는 후리소매의 원칙을 고수한다고 한다. 탈무드에도 '후리소매야말로 영원히 번성하는 방법이다.'라고 나와 있듯이 유태인은 상품 세 개를 팔아 번 돈이 상품 하나를 판 돈과 같다면 그것은 장사의 하수들이나 하는 방법이라고 했다. 작은 물고기를 여러 번 낚는 데 힘을 빼지 말고 대어를 낚기 위한 힘을 비축해 놓아야 한다는 것이다. 현대자동차의 1등 영업맨인 최 부장님이 택한 방법은 탈무드의 가르침과 일치한다. 유태인들의 가르침은 맞았고, 그 가르침을 적용한 최 부장님의 영업전략도, 그것을 벤치마킹한 나의 선택도 옳았다. 나의 실적을 알려주는 숫자가 이것을 증명해 주고 있지 않은가.

#2. 키 플레이어를 만들어라

키 플레이어 고객에게 정성을 쏟아라

'키 플레이어(key player)'란 팀 스포츠에서, 승부를 가를 수 있는 결정적 역할을 하는 핵심적인 선수를 말한다. 얼마나 중요한 역할을 하는지 이름만으로도 알 수 있지 않은가. 영업에서도 '키 플레이어'는 매우 중요한 역할을 한다. 잘 키운 '키 플레이어' 고객 한 명은 열 명의 신규 고객보다 낫다. 이게 무슨 말이냐면, 나에게도 엄청난 영향력을 가진 키 플레이어 고객이 있는데 이 분을 예로 들어 설명해 보겠다.

50대 중반이 넘은 여성 고객인 (도호) 노미옥 대표님은 직업이 4~5개가 될 정도로 열정적으로 삶을 바쁘게 산다. 치위생사 출신인데 특유의 친절함과 꼼꼼함으로 경기도 구리시에 위치한 치과를 운영하고 있다. 또한 남양주에 위치한 가구 제조업을 하는 법인회사 금성가구의 이사님으로 가구 전시장 진열과 인테리어 관련 업무도 맡고 있으며, 자영업자라면 한 번쯤 들어봤을 세계적인 봉사 친목 단체에도 가입하여 활동하고 있다. 이뿐만이 아니다. 건물주로서 본인 건물 5층 상가와 주택까지 관리하고 운영하는 등 살인적인 스케줄을 완벽하게 소화하고 있는 대단한 열정의 여성 고객이다.

이 고객을 볼 때마다 나는 그녀의 인맥관리법이 항상 궁금해 그녀의 행동 패턴을 분석해 본 적이 있다. 그 결과 한번 맺은 인연은 가볍게 여기지 않고 소중하게 관리하고 있다는 게 그녀의 인맥관리 비결이라면 비결이었다. 실제로 프리미엄급 분양권을 계약하며 나와 인연을 맺게 되었는데 그 이후로 내가 명백히 '을'임에도 불구하고 그녀는 명절이나 특별한 날이 되면 어김없이 선물을 챙겨주며 나와의 인연을 더욱 단단히 만들었다.

물론 경제적으로 여유가 있어서 부담 없이 선물을 챙겨준다고 생각하겠지만 돈이 많다고 해서 모두가 사람들에게 그렇게 하지는 않는다. 그저 자신과 인연을 맺은 사람들과 오래도록 같이 잘 지냈으면 하는 진심을 담아 선물을 챙기는데 그러는 자신이 너무 행복하고 즐겁다고 했다. 그래서인지 그녀 곁에는 항상 많은 사람들이 있었고, 하는 사업마다 사람들이 항상 도와주고 있었다. 사업은 날로 번창했고 그럴수록 그녀는 더욱 주위 사람들을 기쁜 마음으로 챙겨주었던 것 같다.

살인적인 스케줄 속에서도 황금 같은 시간을 내어 자기 사람들을 챙기는 그녀의 모습에서 영업 비법을 깨달았다. 한 명 한 명에게 정성을 쏟아야 한다는 것을 말이다. 정성을 다해 나를 챙겨주는 그녀에게 나 또한 내 능력 안에서 최선을 다해 챙겨주고 싶다는 생각을 했던 것 같다. 그래서 그녀는 나의 고객 중 1순위다. 어떤 부탁이든 최선을 다해 들어드리려고 하며 내가 챙길 수 있는 서비스나 A/S는 철저하게 챙긴다. 그러면 또 그녀는 나에게 고마움의 의미로 다른 고객을 소개해 주거나 선물을 하며 그 마음을 표현한다. 물론 어떤 고객이든 정성을 다해 챙겨야 하는 건 당연한 일이지만 어차피 영업이라는 것도 사람이 하는 일이기 때문에 고마운 마음이 생기고 뭔가 괜히 미안한 마음이 드는 고객을 더욱 챙겨주게 되는 건 인지상정이다.

나에게 노미옥 대표님은 그야말로 '키 플레이어' 고객이다. 서로서로 챙겨주며 선순환 관계를 만들어 나가는 사이로, 남을 잘 챙기고 인맥이 누구보다 빵빵한 그녀가 소개해 준 고객만도 한 트럭이며, 실제로 계약까지 성사된 적도 꽤 있다. 이렇듯 '키 플레이어' 고객을 만드는 건 영업을 효율적으로 할 수 있는 아주 좋은 방법이기도 하다.

물론 단기간에 성과가 나오지 않을 수도 있다. 몇 년을 기다려야 하는 경우도 허다하기 때문에 키플레이어 고객을 만든답시고 밑도 끝도 없이 노력만 들이부을 수는 없는 노릇이다. 게다가 이렇게 힘들게 노력을 퍼부어도 정작 그 독에 밑이 빠져 있다면 큰일이지 않은가. 밑 빠진 독인지 아닌지 구분하는 지혜가 필요하다.

우선 상대가 키 플레이어로 투자해도 될 튼튼한 독인지를 알아보기 위해서 나는 대가 없이 세 번의 호의를 베푼다. 성수기나 주말 예약은 하늘의 별 따기만큼이나 어려운 데다 가격 또한 회원가로 해주는데 이는 특급 마중물이라고 볼 수 있을 만큼 엄청난 혜택이다. 이렇게 귀한 혜택을 세 번이나 제공했음에도 불구하고 인간적인 고마움이나 호의에 대한 감사함을 전혀 표현하지 않는 사람은 나만이 알고 있는 '밑 빠진 독' 명부에 이름을 올린다. 이런 마인드를 가진 사람은 나의 입장이나 상황에 대한 배려가 전혀 없기에 기다려봤자 나만 손해기 때문이다. 계약으로 이어지기는커녕 호구가 되지 않으면 다행이다.

나만을 위해 뛰어줄 주전 선수를 발탁하여 팀을 꾸리면 이것만큼 든든한 것도 없다. 애정을 갖고 키운 '키 플레이어' 고객은 반드시 나에게 보답의 의미로 흥부전에 나오는 제비처럼 금은보화가 가득 찬 박씨를 가져올 것이니 온 마음을 다해 정성을 다하자.

#3. 계약은 타이밍

인생은 타이밍?
계약도 타이밍!!!

몇 년 전 안산공단에서 제법 큰 법인을 운영하시는 사장님과의 계약을 위해 그분의 회사로 간 적이 있다. 통화로 이미 어느 정도 상담을 진행했고, 90% 계약을 확정 지어 최종 사인만 남겨둔 상황이었다. 찾아뵙고 지역별 리조트 혜택 등에 대해 재차 열심히 설명하던 중 사장님의 지인들이 들어오셨다. 마침 식사하기로 선약이 되어 있었던 모양이었다. 일행들은 내게 뭐 하는 사람이냐고 물으셨고, 내가 소노 회원권

법인 담당 계약을 주로 하고 있다고 하자, 마침 잘 되었다며 관심을 보이기 시작하셨다. 그래서 본의 아니게 예정에는 없었지만, 사장님의 지인분들 여럿을 모시고 단체 분양권 브리핑을 하게 되었다. 특히 그분들의 주요 관심사였던 골프 혜택을 강조해서 설명해 드렸다. 얼떨결에 하게 된 '게릴라 브리핑'은 무사히 끝났고, 이튿날 기적같이 법인 계약서 2장을 더 추가할 수 있었다. '손 안 대고 코 푼다'라는 게 이런 걸 말하는 게 아닐까? 이게 바로 '운칠기삼'이 아니고 뭐겠는가. 정말 기막힌 타이밍이었고, 행운의 여신이 가져다준 계약이었다고 생각한다. 언제 어디서 운이 터질지, 계약이 터질지 모를 일이니 항상 대비할지어다.

　진짜 계약이 어디서 터질지 아무도 모른다는 말이 맞는 게 열정을 다해 상담을 진행했지만 사인 직전에 불발되는 경우도 많고, 생각지도 않은 장소나 사람에게서 계약을 얻어낼 때도 있다. 그래서 뭐든 계약을 위한 밑밥을 깔아 놓는 것 또한 어쩌면 중요한 하나의 마케팅 전략이라고 할 수도 있겠다. 그 일환으로 나는 프로필 사진에 해병대 병958기라는 타이틀을 꼭 적어 놓는다. 역시 '한 번 해병은 영원한 해병'이다. 몇 년 전 전역 후 약 18년 동안 한 번도 연락한 적이 없었던 몇 개월 선임(940기)에게서 연락 온 적이 있었다. 그 선임의 아버지는 소노 회원권을 알아보라고 아들에게 부탁하셨고, 선임은 아버지의 분부대로 인터넷 검색 중 후임이었던 나를 발견하고 연락을 준 것이다. 그 아버지 또한 해병대 출신인 터라 묻지도 따지지도 않고 바로 약 2억짜리 회원권을 계약해 주셨다. 이렇게 매년 일 년에 최소 2~3명의 해병대 출신들과 계약을 하고 있는데 이들은 모두 나의 해병대 프로필을 보고 온다. 그렇게 계약을 한 해병대분들은 또 다른 지인이나 해병대 출신들을 소개해 준다. 그야말로 해병대 타이틀이 만들어내는 자연적인 네트워크 마케팅인 셈이다.

행운으로 얻어걸린 계약이 또 있다. 잠실 롯데백화점 MVG 라운지에서 가망고객을 만나 소노 회원권에 대한 브리핑을 열심히 하고 있었던 때였다. 한참 설명을 하고 있는데 바로 옆 테이블에 앉아 있는 두 명의 사모님들이 내 얘기를 경청하고 있다는 느낌을 받았다. 하지만 적극적으로 상담 요청을 하거나 관심 있다는 의사를 표현하지 않았기 때문에 모른척하며 하던 브리핑에 집중했다. 브리핑을 듣던 가망고객에게 용건이 생겨 잠시 상담을 멈췄고, 이 틈을 타 그들은 내게 혹시 상담 이후 특별한 약속이 없으면 자기네들을 상대로 상담을 해줄 수 있냐고 물어보는 것이 아니겠는가? 이게 웬 횡재인지. 마침 별다른 약속이 없었던 나는 브리핑을 했던 고객과 계약서 작성을 성공리에 마무리 짓고, 바로 옆 테이블로 이동해 그분들에게 상담 브리핑을 시작했다. 며칠 뒤 나의 운은 계약서 사인까지 연결해 줬다.

영업맨의 특성상 키워드 광고, 블로그 등 다양한 매체를 통해서 뿌려놓은 명함이 많다 보니 한 콜 한 콜이 다 계약이라는 생각이 들어서 전화벨이 울리면 스팸 여부를 떠나 무조건 받는다. 혹여 부득이하게 전화를 못 받게 되더라도 무조건 백콜을 하는 편이다. 몇 년 전 새벽에 전화벨이 울린 적이 있었다. '이 시간에 뭐지?' 설마 하는 마음으로 받았다. 미국에 사시는 분이 곧 한국으로 들어오시는데 내 블로그에 적힌 광고에 '24시간 상담 가능'이라는 문구를 보고 전화를 하셨다는 것이다. 나는 자다 일어나 정신이 몽롱한 상태에서 상담했고, 약 2주 후 그분이 귀국하고 나서 계약이라는 달콤한 선물을 받게 되었다. 역시 될 계약은 새벽이든 야밤이든 상관없이 된다는 걸 깨달았고, '24시간 상담 가능'이라는 문구를 블로그에 써놓은 나를 칭찬하지 않을 수 없었다.

행운의 계약 중 기억에 남는 고객이 불현듯 떠오른다. 건설업을 하고 계신 분이었다.

"안녕하세요? 소노 회원권 컨설턴트 정준교입니다."

"아..여보세요. 저는 건설업을 하고 있는 정준교입니다."

"예? 정준교님이시라고요?"

"네, 정준교요. 팀장님과 이름이 똑같죠? 후훗."

그렇다. 인터넷에 리조트 회원권 관련 키워드를 검색하면 나의 이름과 블로그가 많이 노출되는 편인데 본인 이름과 같다는 이유로 내게 연락을 주신 것이다. 동명이인과의 계약이라니 너무 재밌는 우연이 아닌가 싶었다. 위아래 항렬과 돌림자까지 똑같아 더더욱 신기했던 기억이 난다. 그렇게 동명이인이라는 이유로 계약을 하기도 했으니 영업이란 세계는 정말 모를 일이다.

하지만 행운은 누구에게나 찾아오지만, 아무에게나 계약으로까지 이뤄지는 건 아니다. 우연이 행운이 되고 원하는 계약으로 이어지려면 언제 어디서든 완벽한 제품 브리핑이 가능해야만 한다는 것을 전제로 두어야 한다. 이는 절대 잊어서는 안 되는 점이다. 툭 건드리기만 해도 완벽한 브리핑이 AI처럼 나와야 된다는 걸 명심하자. 실력이 있어야 행운도 잡을 수 있다는 것을!! 역시 인생은 타이밍이다!

#4. 문자 하나도 허투루 보내지 마라

진심 어린 마음을 담아 키패드 누르기

"I am still alive."

세일즈맨이라면 이것보다 중요한 문장이 있을까? 1년이 지나도 5년, 10년이 지나도 여전히 나라는 사람이 리조트 분양권을 팔고 있다는 사실을 지속적으로 꾸준히 알리는 일이 그 무엇보다도 중요하다. 이것이 바로 홍보며, 홍보가 영업맨에게 중요하다는 건 두말하면 잔소리일 것이다. 영업 비결이 뭐 그리 거창한 것이 아니다. 어쩌면 모두가 알고 있는 평범

하고 당연한 상식인데 이를 실천하고 있느냐 아니냐에서 성공의 여부가 판가름 나는 것 같다.

오래전에 만났던 대학 동기가 있다. 그는 수입차 브랜드 랜드로버사에 소속되어 있는 전국 1등 자동차 딜러 고성근 팀장인데, 나는 항상 실적이 상위에 랭크 되는 그의 영업 비결이 궁금해서 물었고, 그의 대답은 단순했다. "지인들 덕분이지!" 오지랖이 넓은 건 알았지만 온오프라인 광고도 하지 않는데 높은 매출액을 기록하는 그의 실적이 나로서는 당최 이해가 되질 않았다. 대체 지인이 몇 명이길래 이렇게 지속적으로 팔 수 있냐고 물었더니 그는 자신과 한 번이라도 만난 사람은 무조건 지인(知人)으로 만든다는 것이었다. 그 논리라면 앞으로 만나게 되는 모든 사람이 지인이 되는 것이니 그가 한 말은 엄연한 진실이었다.

그럼 어떻게 처음 본 사람을 지인으로 만드는 건지가 궁금했다. 그가 알려준 방법은 연락처를 알게 되는 이후부터 가끔 문자를 보내는데, 이때 자신이 운영하는 유튜브나 SNS 주소를 링크해서 보낸다는 거였다.

그는 SNS 시대에 맞게 오래전부터 자신이 판매하는 자동차를 소개하는 영상을 촬영한 후, 유튜브 쇼츠나 인스타 릴스에 자신의 연락처를 인장(印章) 삼아 입력하여 업로드하고 있었다. 그리고 전화번호를 알게 된 사람을 SNS에서 찾아내어 친구 맺기를 하고 자신의 채널로 공유시켜 온라인으로도 소통하고 있었다. 이렇게 문자와 SNS 활동을 통해 사람들과 관계 맺기를 하고 소통하다 보니 자연히 얼굴만 아는 사이가 아니라 서로의 근황을 공유하는 지인이 되는 것이었다.

이렇게 꾸준하게 소통을 하는 그 친구의 노력은 항상 계약으로 이어졌다. 안부 문자를 받은 사람이 직접 구매를 하기도 했고, 구매한 고객은 그들의 지인에게 고 팀장을 소개하기도 했다. 구매를 전혀 하지 않은 사람들 또한 꾸준하고도 한결같이 소통하는 그의 모습을 보고 그 당시는 아니더라도 시간이 흐른 후에 구매하기도 했고, 구매를 원하는 사람이 생기면 주저 없이 고 팀장의 문자를 재전송하여 구매로 이어지게끔 했다. 정말 안부 문자 한 통이 가져온 나비효과는 실로 어마어마했다.

이 '안부 문자'의 힘이 증명된 사례는 또 있다. 현대자동차 1등 영업맨인 최 부장님의 경우도 일맥상통하다. 그는 1년에 네 번 계절 인사와 더불어 자신의 근황을 알리고 새로 개정된 도로교통법이나 자동차 운행 법규에 대한 정보를 상세히 보내준다. 그도 대학 동기 고성근 팀장처럼, 웹 발신 자동 문자나 영혼 없는 단체 문자가 아니라 진심이 담긴 장문의 문자를 보내준다는 것이 타 영업맨들과는 확연히 다른 점이다. 나에게도 무려 10년 동안 지속적으로 안부 문자를 보냈으니 정말 정성이 대단하지 않은가.

  이런 노력은 세월이 지나면서 더욱 강력한 힘을 발휘해 주었다. 당장의 구매로 이어지지 않더라도 몇 년을 꾸준히 보내주고 있는 노력에 감동했는지 문자를 받은 고객들은 스스로 그들 주변에서 자동차를 구매할 잠재 고객이 될 사람들을 발 벗고 소개해 줬다. 그렇게 진심이 담긴 꾸준한 소통의 문자 한 통이 전국 곳곳에 영업 파트너를 만들어 주고 있었던 것이었다. 이러니 전국 판매왕이 되고 항상 매출 상위에 랭크될 수밖에. 자신과 한 번이라도 연락이 이뤄진 사람과 꾸준히 소통해야 한다는 걸 잊지 않았으면 좋겠다. 사주고 안 사주고는 그들의 몫이고, 나의 몫은 나의 존재를 끊임없이 알리며 구매의 순간에 나를 떠올리게 만드는 것이다.

#5. 세일즈도 공부해야 한다

추진부터? 준비부터? 뭐든 공부부터!!

해병대 출신인 나의 세일즈 스타일은 행동파다. '돌격 앞으로'와 같은 스타일로써 뭐든 먼저 몸으로 부딪히면서 습득하고 배운다. 소위 옛날 방식으로 혹자는 무식한 방법이라고 비웃을 수도 있겠지만 나에게는 이 방법이 가장 편하고 잘 맞았다. 물론 사전 지식이나 준비 없이 들이대다가 투자금을 많이 까먹은 적도 있었지만, 체질상 이 방법이 가장 쉬웠다. 그러나 친동생을 보며 이 방법보다 더 나은 방법이 있다는 것을 처음으로 배우게 됐다.

내 친동생 윤교는 나와 매우 다르다. 소위 엘리트 코스를 지낸 모범생으로, 좋은 대학을 나와 대기업 H사에서 고액 연봉을 받는 촉망 받는 사원이었다. 남부러울 것 없이 살던 어느 날, 직장인의 비애를 느끼고 제대로 현타를 맞더니 사업을 해보고 싶다는 말을 꺼냈다. 그럴 때마다 나는 걱정 어린 맘에 풋내기 취급을 하며 사업을 하겠다는 동생의 결정에 매번 제동을 걸었었다.

하지만 아랑곳하지 않고 내 동생은 그날 이후로 경제적 자유를 향해 미친 듯이 자기가 관심을 둔 한 분야에 빠져들기 시작했다. 도서관과 서점에 가서 관련 분야의 책을 독파하더니 자신이 하고자 하는 사업에 해당하는 자료를 블로그와 유튜브를 뒤져 찾아낸 다음 달달 외울 정도로 공부를 했다. 또 현장 실사도 수시로 나가 보기도 하고 몇십만 원짜리 창업 강의도 들으면서 사업에 대한 전방위적인 준비를 해 나갔다. 정말 혀를 내두를 정도로 치밀한 사업 계획을 세웠다.

그러다가 드디어 준비가 끝났는지 과감하게 1년 육아 휴직을 내고 그토록 준비했던 고시원 사업을 시작했다. 사업을 시작한 지 얼마 되지 않아 꼼꼼하고 치밀하게 했던 공부와 디테일하게 작성했던 계획이 빛을 발하기 시작했다. 오픈한 1호 고시원은 매달 매출 최고액을 갱신하더니 1년 만에 두 배 이상의 권리금을 받고 팔게 되었다. 그렇게 모은 시드머니를 가지고 지난 1호점의 두 배 크기로 강남역에 2호점을 냈다. 사업이 커지는 속도가 거의 KTX급이었다. 이는 철저히 공부하고 준비한 덕분이라는 것에 그 누구도 이견이 없다.

어떤 비즈니스를 하든 간에 요즘은 과거보다 공부하기 쉬운 세상이다. 이럴 때일수록 몸으로 터득하는 옛날 방식에서 벗어나 시대의 흐름에 몸을 맡기듯 쏟아지는 SNS나 온라인 매체를 활용하여 '공부하는 세일즈맨'으로 거듭나야겠다는 생각이 든다. 이젠 나이도 있고 노후를 준비해야 하는 시점이라 그런지 무작정 몸으로 부딪혀서 배운다는 건 너무나도 무모하고 힘든 일이 되었다. 게다가 사업을 시작했다가 잘못되어 다시 일어서려 해도 젊은이들보다 시간과 돈 그리고 노력이 배 이상이 든다.

내 동생이 사업에 대해 생각하고 행동하는 것만 봐도 시대가 변했다는 걸 뼈저리게 느낀다. 바야흐로 SNS 전성시대다. 시장조사부터 트렌드 분석, 그리고 동종업계 마케팅 전략을 비교하는 것까지 손가락 하나만 까딱하면 수많은 맞춤형 정보들이 쏟아져 나온다. '스마트'한 시대에 '스마트'하게 사업을 준비해야 한다는 것이다. 이제 이 정도 오랫동안 일했으면 리조트 분양권 영업 분야에 있어 베테랑이라고 할 수 있지만, 그럼에도 항상 배우는 자세로 공부해야겠다는 생각을 이때 너무나 절실하게 한 것 같다.

'배워서 남 주는 거 아니고, 배우는 게 남는 거다.' 영업, 이제 발로 뛰는 건 물론 머리로도 뛰어야 살아남는 시대다. 공부합시다! 지금 바로!

#6. 다섯 가지 체크포인트

한마디로!
영업은 이렇게만 하면 된다.

첫 번째, 영업은 사람의 마음을 얻는 것임을 명심하라.

사실 이거 말고는 답이 없다. 모든 영업의 기본은 솔직히 '상품'을 팔기 이전에 '나'를 파는 것이라 해도 과언이 아니다. 어떤 것을 팔든지 간에 나의 신용, 용모, 지식, 기술, 친절, 열정을 파는 것이다. 사람들은 이런 모습을 보고 서비스나 물건을 구매한다. 그렇기에 내가 무엇을 팔든지 나를 파는 영업을 훌륭하게 해낸다면 성공은 그리 어렵지만은 않을 것이다.

딱 1년만 미쳤다고 생각하고 마인드 리셋을 하고 달려들자.

두 번째, 내가 판매하는 상품에 슈퍼 전문가가 되어라.

소비자에게 상품을 판매하기 전에 나 자신에게 판매한다고 생각해 보자. 각자 피땀 흘려 번 돈인데 어떤 편익이 있는지도 모르고 값을 치르고 상품을 구매할 바보 같은 소비자는 없다. 2~3개월은 상품에 대한 정보를 완벽하게 숙지하고 상담을 위한 다양한 경우의 수를 미리 예상해서 연습하고 배워둔다. 또 광고를 하고 싶다면 유튜브나 네이버, 카카오에서 제공하는 무료, 유료 강좌를 활용하여 온라인 마케팅을 공부한다. 만약 광고 전문가에게 맡길 거라 해도 의뢰자인 내가 잘 알아야 결과물도 훨씬 만족스럽기에 공부는 선택이 아니라 필수다.

세 번째, 정기적인 모임에 꾸준히 참석하라.

영업은 사람을 상대로 하는 직업이니만큼 사람이 모여 있는 곳에 가야 하는 건 당연한 일 아니겠는가. 특히 다양한 업종이 있는 모임에서 여러 직업군을 만나다 보면 새로운 아이디어가 떠오르게 된다. 이왕이면 타깃이 비슷한 관련 직군이 많이 모인 곳이면 금상첨화다. 타깃이 비슷하지만 판매하는 제품이 다르기 때문에 서로 협력하며 윈윈할 수 있기 때문이다. 소개에 소개가 꼬리를 물고 이어지기에 너무 소중한 영업의 마중물이 된다.

네 번째, 어디서든 열정을 보이며 나를 알려라.

나의 직업을 자랑스럽게 생각하며, 어떤 모임에서든 나를 부각시켜라. 모임의 총무가 되든지 모임의 리더가 되든지, 이왕 어떤 활동을 한다면 나를 알리려고 노력해라. 그때 무조건 긍정적인 이미지로 보일 수 있도록 눈에 띄게 행동하자. 사소한 일에도 최선을 다하며 열정을 보이면 반드시 나를 찾게 되어 있다.

다섯 번째, 손해 보는 마음으로 하나라도 더 주라!

선물은 평소에 틈틈이 하자. 큰 비용이 들지 않는 선에서 상대방이 나를 떠올릴 수 있을만한 선물 리스트를 만들어 감사한 일이 생길 때마다 꼭 주자. 대단한 건 아니지만 골프공, 회사 로고가 박힌 타월 세트, 우산과 같은 선물로 꾸준히 감사의 표시로 전했을 뿐인데 상대방으로부터 큰마음으로 되돌아온 경험이 많았다.

나는 아직 부자가 아니다. 하지만 강렬하게 부자가 되고 싶은 사람이다.

부는 피와 땀, 눈물 그리고 시간 없이는 이룰 수 없다. 세상에 한방으로 돈을 벌 기회는 희박하다. 꾸준함의 힘을 믿어라. 속도는 느릴지라도 결과는 확실하다.

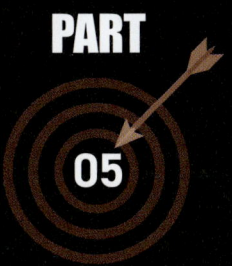

PART 05

특급 비법! 비즈니스 스킬 그리고 마케팅

의지

인터넷이나 정보도 중요하지만 실전이 제일 중요
하다

- 백종원 -

#1. 인간 플랫폼을 구축하라

각자도생, NO! 함께 상생, YES!!

어느 날 갑자기 1년에 100~150건 정도의 계약을 하는 나에게 궁금증이 일었다. 과연 나는 주로 어떤 사람과 어떤 루트로 계약을 하고 있을까? 전략적으로 분석을 해봐야겠다는 생각보다는 그냥 궁금하고 알고 싶다는 게 첫 번째 이유였다. 그래서 대략 7년 전부터 계약이 성사될 때마다 꼼꼼히 정리해서 기록하기 시작했다. '계약자나 법인의 정보는 물론 누가 소개를 했으며' '어떤 루트로 계약을 하게 되었는지', 첫 번째 문의 이후

'최종 계약까지 얼마 동안의 기간이 소요'되었는지 등 다양한 항목으로 나눠 아주 상세하게 적었다. 이후 데이터들이 점점 모이기 시작하면서 나의 계약 패턴이 한눈에 보이기 시작했다.

1년 동안의 실적들을 정리해 보니 온라인 광고를 통해 맺어진 광고가 전체 계약의 절반을 차지하고 있다는 것을 알게 되었다. 그다음으로 비중을 많이 차지하는 것이 꼬리에 꼬리를 무는 소개였는데 이는 대략 30%, 조찬모임 등 내가 속해 있는 모임에서 계약이 되는 경우는 약 10% 정도. 그다음이 직접적인 친구나 지인과의 계약이었다.

시간을 쪼개 사람들을 직접 만나며 영업활동을 했음에도

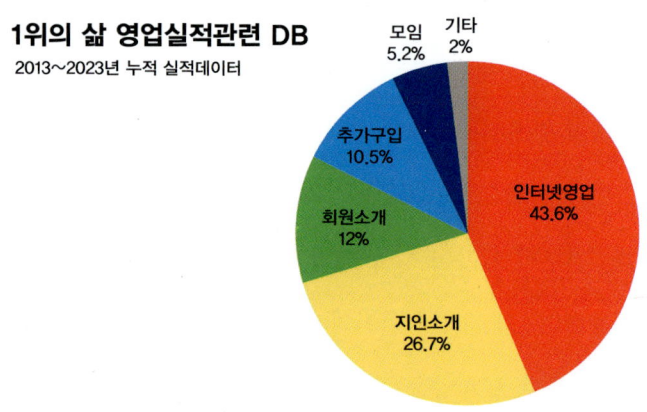

불구하고 온라인 판매가 절반이라는 데이터를 보니 '아, 시대가 바뀌었구나. 온라인이라는 거대한 물결이 대세인 만큼 이를 더 잘 활용해야겠구나'라는 생각이 강하게 들었고, 앞으로 어느 쪽에 어떤 방식으로 영업 에너지를 집중해야 할지에 대한 전략이 세워졌다.

바야흐로 플랫폼의 시대다. 이제는 인간 플랫폼을 구축하여 휴먼 네트워크를 잘 활용하는 사람이 영업의 승자가 된다. 블로그, 유튜브, 인스타그램 등 SNS로 가득 찬 세상에서 사는 우리는 그것들과 상생하며 원하는 영역을 선점해야 성공을 보장받을 수 있다. 아는 사람보다 생판 모르는 사람이 더 큰 이익을 가져다주는 경우가 요즘은 훨씬 더 많다. 온라인상의 누군가가 계약을 하고, 계약한 그 누군가는 그의 지인을 소개하는 식으로 '그 누군가'끼리 촘촘한 네트워크를 만들어 자기네들이 알아서 나의 영업을 도와준다. 이 얼마나 바람직하고 감사한 일인가.

그렇다고 오프라인 판매망을 버리라는 말은 아니다. 자고로 영업이라는 것은 기본적으로 많은 생선을 잡을 수 있도록 여러 개의 그물망을 쳐놔야 하거늘 오프라인도 그 특성을 잘 이용해서 전략적으로 활용하면 꽤 많은 성과를 올릴 수 있는 장점이 있음을 기억하라는 얘기다.

오프라인 영업망을 만드는 방법은 의외로 쉽다. 최소한 리조트 회원권에 관심을 가질 정도면 경제적으로 여유가 있는 사람은 분명하며, 그들의 직업이나 거주지는 거의 비슷하다. 그래서 좁혀진 곳이 강남 3구다. 강남 3구에는 성공한 사업가나 고소득 전문직에 종사하고 있는 사람들이 많이 살기 때문이다. 그러고는 경제적으로 여유가 있는 사람이 메인타깃이 되는 다른 소비재 업종을 찾아보는 것이다. 주로 보험, 수입차, 명품, 골프, 레저 업종이 대표적이다. 그다음, 업종은 다르지만 비슷한 타깃을 공유하고 있는 세일즈맨을 찾아 그와 협업 라인을 구축하는 것이다. 즉, 타 업종의 잘 나가는 세일즈맨의 회원 DB를 공유하는 것이다. 예를 들면 잘 나가는 수입차 딜러가 고객에게 서비스 관리 차원으로 리조트 예약을 손쉽게 해주면서 자연스럽게 나를 그의 고객에게 소개해주는 방식이다. 또 법인 명의로 단체 보험에 가입한 담당자에게 혹시나 리조트 예약할 때 나를 이용하면 좀 더 쉽고 싸게 갈 수 있다고 귀띔해주면 그 이후는 일사천리다. 물론 나 또한 마찬가지로 내가 관리하는 회원 중 수입차나 보험에 관심을 가질만한 사람들에게 해당 딜러나 설계사를 소개해 준다. 서로의 회원들이 물고 물리게 되는 것이다.

랜드로버사의 1등 딜러인 대학 동기 성근이와 이야기하던 중 부동산 투자자로 이름이 나 있는 나의 고객 중 한 분이 고 팀장의 고객이기도 하다는 사실을 알고 적잖이 놀랐었다. 역시 비슷한 타깃은 노는 물(?)도 비슷하다는 결론을 찾았고, 그럼 같이 노는 것이 훨씬 재밌을 것 같다는 생각이 들어 찾아낸 전략이 각자의 회원 DB 공유였다. 타 업종이지만 그 분야에서 인정받은 세일즈맨인 만큼 서로의 고객 명단을 공유하고 약간의 입김만 넣어주니 내가 직접 영업을 하러 뛰어다니는 것보다 효율적이고 효과가 더 좋았다. 각자의 명성에 무임승차를 했으니 당연한 결과가 아니겠는가.

어쨌든 온라인이든 오프라인이든 최대한 촘촘하게 네트워크를 만들어 고객들이 다른 곳으로 가지 못하도록 한 방에 낚는게 중요하다. 타 업종의 프로들과 상생을 위한 팀워크를 만들어라. 영업을 위해 고객 한 명 한 명 찾아가는 것보다 비슷한 타깃의 명단을 한꺼번에 손에 쥐는 게 백배 나으니까 말이다.

#2. 마케팅 트렌드를 따르라

사라지지 않으려면 살아지게 진화하라

'고전이 가장 좋다(Classic is the best)'라는 말이 있다. 시간이 지났음에도 지금까지 살아남아 있다는 것 자체가 이미 좋다는 것이 증명된 게 아닌가 싶은데, 영업에도 흔히 고전적인 방법으로 쓰이는 여러 가지 유형이 있다.

그 첫 번째가 직투 영업인데, 직접 노동력을 투입하는 방식이라고 생각하면 된다. 회사에서 제공하는 회원권 분양 광고 리플렛에 개인 명함판 도장을 일일이 찍어 소봉투에 넣은 다음 여러 장소에 돌리는 것이다. 강남 고가 아파트 단지나 고급 빌라촌의 우편함을 찾아다니며 광고 봉투를 투입하거나 사무실이 밀집된 고층 빌딩을 방문해서 꼭대기 층부터 한 층 한 층 내려오는, 소위 '빌딩 타기'를 하며 광고지를 배포하는 방식이 그것이다. 이 방식은 괜히 부끄럽기도 해서 할 때마다 엄청난 용기가 필요하다. 행여 용기를 내서 실행에 옮겼을지라도 경비원과 마주치면 혼나기 일쑤여서 꺼려지는 방법이기도 하다. 경비원을 만나면 처음에는 죄송하다는 말만 계속했는데 나중에는 요령이 생겨 음료수나 간식 혹은 약간의 현금을 쥐여주며 간신히 광고 활동을 해 나갔다. 어떨 땐 어디서 그런 용기가 났는지 사무실에 들어가 대표님을 뵙고 싶다고 얘기하기도 하는데 그럴 때마다 무시당하는 건 다반사였다. 내가 돌아서자마자 건넸던 광고 전단지를 버리는 걸 봤을 때는 정말 속상하다. 물론 운 좋게 계약을 따내는 때도 있지만, '빌딩 타기' 전략은 시간 대비 효과가 너무 적고 심적 부담감이 매우 크다.

두 번째는 현수막 영업 방식이다. 간단한 회원권 혜택 안내 문구와 연락처가 인쇄된 현수막을 개당 만 원이 안 되는 금액으로 만들어 상습 차량 정체 구간이나 노출이 잘 되는 위치에 걸어놓는 홍보 전략이다. 구리에서 강변북로를 넘어가는 지점에 산사태 방지용으로 계단식 사방공사를 해놓은 곳이 있는데 이곳에 수입차 광고 현수막이 걸린 것을 보고 나도 야밤에 와서 현수막을 걸어본 적이 있다. 하지만 위험을 무릅쓰고 걸어 놓은 것치고는 생각보다 효과가 크지 않아 실망했던 적이 있다.

세 번째는 신문 지면을 활용한 영업 방식이다. 우리나라 탑3 일간지인 조선일보, 중앙일보, 동아일보는 기본이며 한국경제나 매일경제신문 지면에 여러 영업사원이 연합하여 광고를 내는 것이다. 이때 메인 전화번호 하나를 지정하여 전화 오는 순서대로 상담하는 식인데, 워낙 '복불복'이 강해 개인별로 불만의 여지가 많은 방식이다. 광고비가 비쌈에도 불구하고 광고 효과는 분명 있기에 이 방식에 애착은 있지만, 문제는 요즘 신문을 받아보는 사람이 거의 없다는 것이다.

네 번째는 신문광고와 비슷한 월간 CEO라든지 포브스지와 같은 잡지를 활용한 영업 방식이다. 좀 더 특정 타깃이 정해져 있어 설득이 쉽고 계약 확률이 신문보다는 높은데, 실제로 이 잡지 광고를 이용해 대박을 친 전설적인 사례가 있다. 신입사원 시절 우리 영업 조직의 남현기 부장님이 선택한 KTX 잡지 광고가 바로 그것이다. 간단한 리조트 회원권에 대한 혜택과 함께 자신의 연락처를 눈에 띄게 기재한 다음 '조용한 기차 안에서는 상담이 힘들 수 있으니 문자로 상담 가능합니다'라고 광고를 했는데 이게 소위 제대로 먹힌 것이었다. 천만 원 정도의 회원권 상품으로 진입장벽이 다소 낮아 가격이 매력적인 점도 유효했지만, 문자 상담이라는 것도 고객의 부담을 없앴던 것 같다. 그 결과 한 달에 100건이 넘는 계약이 체결되었고, 그걸 직접 목격한 나로서는 광고 매체의 타깃과 특성이 잘 맞아떨어졌을 때의 파급효과가 얼마나 큰지 제대로 배웠던 기억이 있다.

다섯 번째는 거점 영업 방식이다. 고객의 니즈가 있을 만한 특정한 장소에 작은 부스를 설치해서 직접 대면 영업을 하는 것이다. 여가를 중시하는 스포츠 클럽이나 골프연습장, 또는 어느 정도 경제적 여유를 가지고 있을 법한 의료 분야의 사람들이 모이는 의학 세미나나 제약회사 초청 행사장 같은 곳에서 주로 운영을 한다. 간단한 상담을 하고 DB 확보를 위해 명함 박스를 만들어 놓고 추첨 이벤트를 하기도 하는데, 객실 이용권이나 워터파크 등 부대시설 이용권은 영업사원 본인 부담으로 진행한다. 그런데 투자한 비용에 비하면 효과는 미비하고 일회성에 그치는 경우가 많다.

이렇듯 오프라인 영업 방식에는 고전적인 방법이 많다. 뭐, 고전적이라도 매출이나 계약률이 높다면 상관이 없는데 그렇지 못하다는 게 현실이라 안타까울 때가 많다. 물론 위와 같은 오프라인 방식이나 대면 방식, 즉 고전적인 방법이 통했던 시기가 있었다. 그때는 온라인 방식이 낯설고 어색했으며 신뢰도가 떨어졌었다. 그러나 생각해 보면 블로그가 대세였던 시기가 엊그제인데 페이스북이나 유튜브, 인스타그램 등 핫한 매체는 계속해서 쏟아지고 있다.

이제는 대화형 인공지능(AI)인 'Chat GPT'가 등장해 마치 사람이 쓴 것처럼 자연스러운 문장으로 답하는 수준에까지 왔다. 그런데 더 무서운 건 기술은 앞으로 더 발전할 것이라는 거다. 잘 쓰면 도구가 되고 못 쓰면 흉기가 되는 만큼 시대에 맞는 '툴(tool)'을 잘 활용해 목적에 맞게 쓰는 것이 중요하다. 급변하는 시대의 속도에 맞게 영업전략도 변해야 한다.

그러기 위해서는 끊임없이 발 빠르게 공부하고 연구해야 한다. 이제 고전적인 방법은 먹히지 않는다. 사라지지 않으려면 이 시대에 살아남는 영업 방식을 배우고 적용해야 한다.

#3. 미국에서 배운 세일즈 스킬

어느 분야든 1등을 찾아보고 배워라

    2008년 2월 나는 관동대학교 관광경영학과를 졸업하면서 막막한 취업의 고민을 덜어 보고자 미국으로 건너갔다. 당시 학점과 토익점수 기준을 통과하여 나름 적지 않은 장학금을 받고 미국에 갈 수 있는 행운을 얻었었다. 바로 J1비자로 미국 애틀랜타 힐튼호텔에서 1년짜리 인턴십 근무를 하게 된 것이었다. 막연히 돈을 벌며 영어를 배우고 싶었고 이러한 도전은 20대에만 할 수 있다는 생각에 주저 없이 떠났었다.

대학교 4학년 때 필리핀 세부에서 어학원 매니저와 현지 가이드를 한 경험이 있던 나는 나름 영어를 잘한다고 생각했는데 그건 정말 엄청난 오산이라는 걸 애틀랜타 국제공항에 내리자마자 알았다. 물론 미국으로 가기 전에 힐튼호텔 지배인과 전화로 영어면접도 하고 어느 정도 마음의 준비는 하고 갔지만, 현실은 너무나도 혹독했다. 말이 나오기는커녕 현지 원어민들의 발음은 알아듣기조차 너무 어려웠다. 나를 포함해서 한국인이 약 다섯 명 정도 있었지만, 근무시간이 서로 달라 도움을 받을 수도 없었다.

짧은 영어로 혼자 집을 구하고 소셜 넘버를 만들고 은행 어카운트를 만드는 것이 이렇게 힘든 일인지 시간이 갈수록 더 많이 깨달아졌고, 하루하루가 정말 두려움과 고통의 연속이었다. F&B 소속의 여러 레스토랑과 룸서비스 프런트 등 인력 배치를 해야 하는 과정에서 영어에 어려움을 겪고 있는 나의 모습을 본 호텔 지배인은 내가 직접 영어로 고객을 응대할 수 없다고 판단해 버서(Busser)를 시켰다. 버서는 식당에서 접시를 치우는 종업원으로, 당시 시간당 8불을 받았고 근무하는 시간이 길었다. 반면 테이블을 담당하는 서버(server)는 시간당 3불을 받았지만, 미국은 팁 문화라 서버가 테이블을 맡아 서빙을 하고 거기서 나온 팁은 모두 본인이 가져갔다. 당시 호텔은 음식값의 21%가 자동으로 팁이 달리는 형태였다. 호텔이다 보니 아무래도 팁 액수가 컸다. 구미가 당기는 조건이라 서버가 무척 되고 싶었지만, 영어 실력이 부족했던 나는 9개월 동안이나 다른 서버들의 테이블을 치워주고 그 대가로 어느 정도의 돈을 받는 버서로 일을 할 수밖에 없었다. 서버가 되고 싶어도, 호텔 측에서 원하는 기준에 충족될 때까지 나의 서버 도전은 번번이 거절당했다. 당시 능숙한 영어가 안 되는 나로서는 받아들일 수밖에 없는 처우였다.

일한 지 10개월이 되던 어느 날, 지배인이 이제는 서버를 해도 된다고 말해주었다. 지금 이후부터 내가 맡는 테이블에서 나오는 팁이 모두 나의 것이라 생각하니 너무 행복했다. 대부분의 미국 사람들은 레스토랑에 들어오면 메뉴를 보고 어떤 음식을 추천해 줄 수 있냐고 질문을 한다. 그러한 부분들을 전문적으로 잘 설명하고 음식에 따라 물티슈, 앞접시 등을 센스 있게 미리 챙겨주면 손님은 서비스에 감동 받고 더 많은 팁을 준다. 당시 동료 중 팁을 정말 많이 받는 로버트라는 미국인이 있었는데, 그는 손님이 오면 그 사람의 성향까지 파악해서 엄청난 브리핑을 해댔다. 메뉴 설명은 기본이며 손님이 어디 출신인지 파악해서 그가 좋아할 만한 관광지 정보까지 주는 것이 아닌가.

많은 손님을 한결같이 친절하게 대할 수 있는 체력과 손님의 니즈를 미리 파악해 먼저 챙겨놓는 센스 그리고 조금 더 비싼 음식을 주문하게 하는 스킬 등을 갖춘 로버트는 같은 서버들 사이에서도 유명했다. 나는 그와 친하게 지내며 무조건 그가 하는 행동을 그대로 따라 하기로 했다. 그가 하는 멘트와 표정도 배우고 연습하며 익혔다. 이는 1등이 가진 모든 것을 내 것으로 만들기 위함이었다.

어느 분야건 1등이 있다. 1등이 되고 싶다면 1등이 하는 방식을 무조건 배우고 익히는 것이 중요하다. 그렇게 따라 하다 보면 기본적으로 몸에 습관으로 남게 되는데 그 이후 나의 철학이나 아이디어를 더해 유일한 나만의 영업 스킬로 완성시키면 된다. 따라 하는 게 자존심 상한다고? 먼저 그냥 해 보고 얘기하라. 실제로 하다 보면 왜 그들이 1등을 하게 됐는지 알게 될 것이다. 그것만으로도 얻는 것이 클 테니 묻지도 따지지도 말고 따라 해 보자.

#4. 특별함을 부여하기

'no one'에서 'some one'으로

"널 위해 준비했어!!" 이런 달콤한 로맨스 드라마의 대사는 치열한 영업 전선에도 필요한 요소다. 드라마에서 남자 주인공이 여자 주인공의 마음을 얻기 위해 반지와 꽃다발을 준비하는 등 온갖 선물 공세를 퍼붓는데 이 방법이 다소 고전적이고 진부하긴 해도 가장 먹히는(?) 방법임에는 틀림이 없다.

영업에서도 마찬가지다. 사람 마음이 다 똑같은 거 아니겠는가. 사람과 사람 사이에 '기브 앤 테이크'는 두말할 필요도 없는 국룰이다. 뭔가를 받았다면 응당 보답해야 하는 것이 한국의 오래된 미덕이자 전통이니 이 진리를 영업에 적용시켜 본다면 좋은 결과를 기대해 볼 수 있을 것이다.

그렇다면 고객에게 무엇을 주어야 할까? 바로 '특별함'이다. 김춘추 시인의 '꽃'이라는 시를 봐도 그렇지 않은가. 그의 이름을 불러주기 전에는 그는 다만 하나의 몸짓에 지나지 않았지만, 그의 이름을 불러주었을 때 그는 나에게로 와서 꽃이 되었다고 하니 말이다. 그러니 스쳐 지나갈 수도 있는 고객에게 그들의 이름을 불러주는 '특별함'을 부여해 보는 것이다. 고객은 본인이 특별한 존재가 되었다고 생각하면 뭐든 베푼다. 오랜 영업활동을 하면서 터득한 진리니 믿어도 좋다.

특별함은 별다를 게 없다. 'no one'에서 'some one'으로 만드는 건 그리 거창한 것이 아니라는 말이다. 조금 더 알아봐 주고 조금 더 챙겨 봐 주면 된다. 나 같은 경우에는 분양권 상담을 위해 고객과의 약속을 잡고 나서 항상 하는 것이 있다. 그 고객의 직업이나 사업 혹은 법인일 경우에는 그 회사의 기본 정보를 미리 파악하고 어느 정도는 공부해가는 것이다.

예를 들면 상담 예약을 한 고객의 직업이 약사라고 한다면 약사라는 직업의 장단점이나 애로 사항은 물론 제약업계의 시장 환경을 간략하게 기사라도 검색해 보고 가는 것이다. 내가 잘 아는 분야가 아니어서 비록 전문적이진 않겠지만 고객 입장에서는 잠재 고객일 뿐인 자신을 위해 이런 노력을 했다는 점에서 이미 나에 대한 호감도는 기본 점수를 훌쩍 뛰어넘게 된다.

'특별함'을 부여해 주는 방법은 또 있다. 바로 듣기만 해도 기분 좋은 '선물'을 주는 것이다. 물론 아직 계약 성사 여부가 확실하지 않은 잠재 고객이기 때문에 고가의 선물을 주기에는 서로가 부담이다. 리조트 분양권에 대해 구입을 망설이고 있거나 타 영업 직원과 비교하기 위해 불렀을 경우 더더욱 고가의 선물을 받게 된다면 고객도 부담이 될 수밖에 없을 것이다. 영업사원의 처지에서도 마찬가지다. 계약이 될지 안 될지도 모르는 상황에서 비싼 선물을 준비했는데 계약이 불발되면 마음에 상처는 물론 금전적 손해도 이만저만이 아니기 때문이다. 게다가 영업 시장은 피도 눈물도 없는 곳이라 의외로 '먹튀'하는 고객도 많기에 고가의 선물은 지양하는 것이 좋다.

그래서 나는 리스크를 안고 있는 고가의 선물보다는 소소하지만, 고객에게 꼭 필요할 만한 선물을 챙겨준다. 바로 리조트 숍에서도 판매가 되는 '호텔 타월 세트'와 '골프공 세트'가 그것이다. 나와 상담하는 고객이라면 항상 챙겨주는 편이다. 별것 아닌 거로 보이지만 그 효과는 의외로 꽤 있다. 부담되는 수준의 선물은 아니지만 뭔가를 받았기 때문에 일단 내게 빚진 마음이 생긴다. 동등한 처지에서의 설득보다는 나에게 뭔가 미안하고 고마운 마음을 가진 고객을 설득하는 게 쉬울 거라는 건 자명하다. 실제로 여러 번 그 효과를 입증받은 나로서는 부담스럽지 않으면서도 필요할 만한 것이 무엇일까 생각하며 점점 선물 아이템을 늘려볼 생각이다. 지금은 핸드형 여행 캐리어 가방을 생각 중인데 회사에 의견을 올려보고 대량 제작이 힘들다고 하면 개인적으로라도 제작 주문을 해볼까 싶다.

물론 이제 막 영업의 세계에 입문한 신입사원에게는 이 정도의 선물도 부담이 될 수 있고, 인지도가 없는 상태에서 선물만 챙겨주는 게 '밑 빠진 독에 물 붓기'처럼 느껴질 수도 있을 것이다. 하지만 투자라는 게 다 그런 거 아니겠는가. 어떤 투자건 이익을 만들어 내기 위해서는 '시드'가 필요하고 '마중물'이 필요한 법이다. 아깝다고 생각하지 말고 각자의 경제 상황에 맞게 조그만 것이라도 준비하자. 대어든 치어든 뭐라도 낚고 싶다면 미끼는 반드시 필요하지 않을까?

또한, 공감이나 공통점은 '특별함'을 부여하는 데 매우 큰 역할을 하는 요소라는 것을 꼭 기억했으면 한다. '학연, 지연'이 그냥 나온 말이겠는가. 특히 우리나라에서 학연이나 지연의 중요성은 말 안 해도 알 것이다. 나뿐 아니라 와이프는 물론 사돈의 팔촌까지 고객과 엮을 수 있는 정보는 뭐든 엮는 것이 좋다. 신입 때는 학연이든 지연이든 뭐라도 엮어서 계약으로 연결시키고 싶어진다. 하다못해 성별로라도 어필하고 싶은 심정이니 말해 무엇하겠는가. 특히 우리나라에서는 더욱더 '너와 나의 연결고리'가 아주 중요하다. 그런 차원에서 '뭐든 하나만 걸려라'라는 심정으로 내가 가진 모든 정보를 노출시키는 게 좋다. 나를 표현하고 알릴 수 있는 모든 매체와 수단에 내 정보를 깔아 놓아야 한다는 것이다. 나는 강릉 출생, 관동대 출신, 해병대 958기, BNI, JC, 로터리클럽은 물론 심지어 와이프의 고향인 '포항'까지 나와 조금이라도 관련이 있는 것은 모조리 어필한다. 진짜 하나라도 공통점이 생기면 엮고 싶어 하고 동질감을 느끼고 싶은 것이 한국인의 정서이니만큼 이를 활용하면 내가 원하는 목표를 좀 더 빠르게 달성할 수 있기 때문이다. '아무나'에서 '중요한 어떤 사람'으로 만들기 위해서는 뭐라도 특별함을 부여해야 하니 말이다.

#5. 태도가 답이다

영업 능력은 스펙보다는 태도가 결정한다

"에이~영업은 아무나 하나? 타고난 사람이 하는 거지!"

이는 영업에 대한 보통 사람들의 생각이다. 물론 타고 난 말발과 빵빵한 인맥, 화려한 외모를 가진 사람이 유리할 수는 있겠지만 이러한 것들이 반드시 필요충분조건은 아니다. 영업은 제품을 판매하는 것으로 생각하지만 어차피 그 제품이라는 것도 사람이 사는 것이고, 사람이 파는 것이다. 그래서 사람이 가진 태도가 어쩌면 영업에서는 가장 중요한 요소가 될 수 있다. 나한테 친절하고 나를 존중해 주는 고객에게는 뭐든 더 잘해주고 싶은 게 인지상정이다. 고객의 입장에서 봐도 친절은 기본이요, 자신의 편익을 진심으로 생각해 주며 존중해 주는 영업맨을 만나면 뭐든 하나라도 더 사주고 싶은 생각이 들지 않을까?

주말 아침 7시 단잠에 피곤한 몸을 맡기고 있던 그때 핸드폰 벨 소리가 어둠의 적막을 깨고 날카롭게 울렸다. '이 시간에 뭐지?'라는 짜증과 당황스러움 그리고 걱정이 뒤섞여 눈도 제대로 못 뜨고 전화를 받았는데 다짜고짜 당일 예약을 해달라는 고객의 목소리가 들렸다. 정말 예의와 상식을 벗어난 태도를 만나면 화가 난다.

"이봐~ 정 팀장! 내가 지금 쏠비치로 출발했으니까 오늘 방 좀 잡아줘. 해줄 수 있지?"라는 무례한 부탁, 아니 명령을 하는 고객이 간혹 있다.

아니면 금요일 밤 자정이 다 되어 가는 시간에 "정준교 팀장님 되시죠? 내일 방 좀 예약해 주세요! 저희 대표님이 가신대요."라고 말하면 나는 겨우 진정하며 되묻는다. "어... 저, 죄송한데 회사명이 어떻게 되시죠? 몇 명 정도 이용하실 건가

PART 05 특급 비법! 비즈니스 스킬 그리고 마케팅

요?"라고 솟구치는 분노를 다스리며 프로정신(?)을 발휘해 침착하게 물어보면, "글쎄요, 잘 모르겠고 내일 예약되는 대로 연락 주세요!" 하고 전화를 딱 끊는다. 이럴 때가 유일하게 일에 회의를 느끼는 순간이고, 가장 화가 많이 나는 순간이다. 이럴 땐 정말 힘들게 가입시켰던 귀한 회원권이지만 정말로 환불해주고 싶은 마음이 굴뚝같아진다. 영업 초년생일 때는 그저 스트레스받으며 꾹 참았지만, 점점 힘들어지자 어느 순간부터는 예의에 어긋나는 부탁은 정중하게 거절하고 있다. 덕분에 소위 '진상' 고객은 많이 사라졌는데, 간혹 이런 무례한 고객을 맞닥뜨릴 때가 가장 힘들다.

하지만 '진상'은 고객에게만 국한되는 것은 아니다. 예의 없고 배려 없는 영업사원은 영업사원으로서의 자격이 없다. 돈 있는 부자나 비싼 회원권을 구매한 고객에게만 친절함을 베푸는 영업맨은 진상 중 진상이라고 할 수 있다. 또는 영업 실적에만 꽂혀 고객을 돈으로만 보는 영업맨들도 태도가 글러먹은 사람이다. 이런 무례한 태도를 보이는 사람들은 고객이든 영업맨이든 상관없이 성공하기 힘들다. "안녕하세요? 정 팀장님! 요즘도 많이 바쁘시죠? 지금도 부동의 1등 자리를 차지하고 계시죠? 역시 멋있어요!! 혹시 지금 통화 가능하세요?"라고 조심스레 물어봐 주는 고객이 있는데, 이렇게 칭찬을 곁들여 매너 있게 전화하시는 분들은, 너무 신기하게도 진짜 사회에서도 큰 부와 명예를 갖고 계신 경우가 대부분이었다. 역시 그 사람이 가지고 있는 태도가 성공의 여부를 결정하는 것 같다.

아쉽게도 영업만을 전문적으로 가르쳐 주는 곳은 없다. 대학에 경영학과나 마케팅, 회계학 등 영업에 도움이 될만한 과는 있지만 소위 '영업학과'는 없다. 이것이 시사하는 바가 무엇이겠는가. 영업에는 정답은 없기 때문에 직관적으로 가르쳐 줄 것이 없다는 의미가 아닐까? 물론 영업에 정답은 없지만 '사람의 마음을 얻는 것'이 영업의 기본이자 핵심이라는 것은 정해진 답이다.

사람의 마음을 얻는 것. 그것은 태도가 결정한다. 절실함에서 나오는 태도, 존중감에서 나오는 태도, 진정성에서 나오는 태도에서 제품의 판매가 결정된다는 것이다. 한마디로 영업 능력은 타고난 것이 아니라 영업맨이 가진 절실한 마음과 역량, 그리고 그가 보이는 태도에서 판가름이 나는 것이니 제품 하나를 파는 데 그치지 말고 사람의 마음을 얻을 방법을 공부하고 체득하는 것이 가장 중요하다. 제품을 판다고 생각하지 말고 나 자신을 판다고 생각해 보라. 표정과 말투, 옷차림 등 하나부터 열까지 신경 쓰지 않을 게 없지 않은가.

PART
06

너 자신을 알라.
그래야 돈을 번다

세일즈

영업은 물건을 파는 것이 아니라
자기 자신을 파는 것이다

― 야마모토 후지미쓰 ―

#1. 영업 DNA 찾기

재능이 있다면 노력도 재밌다

　노력해서 안 되는 일은 없다고 하지만 나는 무조건 이 말에 동의하지는 않는다. 왜냐하면 성공을 위한 필수조건에는 노력 외에도 재능과 운이 따라야 하기 때문이다. 아니 어쩌면 노력보다는 재능과 운이 더 중요하다고 생각한다. 뭐랄까? 노력은 성공을 위한 충분조건이지 필요조건은 아니라는 말이다. 운이 좋아 자신의 의지와 열정보다 더 큰 성공을 이루는 사람도 있고, 재능이 뛰어나서 큰 노력 없이 성공하는 사람도 많기 때문이다. 목표를 정한 사람이라면 모두가 노력은 한다. 알다시피 이 '노력'이라는 것은 굉장히 힘든 과정이다. 하지만 재능이 있다면 그 힘든 과정인 노력도 재미있다고 느낄 수 있다.

그리스의 철학자인 소크라테스가 말한 것처럼 '너 자신을 알라'는 말은 여러 의미로 해석될 수 있지만, 나에게는 자신의 재능을 알아내고 그것에 정진하라는 말로 들렸다. 세상에는 얼마나 다양한 직업이 있는가. 다양한 직업이 존재한다는 것은 그만큼 적성도 다양하다는 걸 방증하는 것일 테다. 그런 측면에서 나는 나의 재능을 누구보다 영민하게 빨리 알아차리고 진로를 정했으며 그 길로 지금껏 꾸준히 매진한 결과, 성공이라는 달콤한 열매를 남들보다 조금 빨리 맛본 것 같다.

실제로 얼마 전 고교 동창 모임에 참석했는데 간만에 학창 시절이 떠올랐다. 어릴 때 나는 체구가 왜소해서 자신감이 그리 높은 편은 아니었다. 하지만 하고 싶은 일은 꼭 하고 마는 고집이 있는 학생이었다. 당시 운동을 잘하면 인기가 많았지만 나는 운동보다는 댄스에 꽂혔었다. 댄스에 재능이 있었는지 춤을 배우며 무대에 서는 것이 그렇게 재미있을 수 없었다. 잘하니까 재밌고 재미있으니까 계속하고 싶어지니 다시 잘할 수밖에. 그래서 당시 나는 댄스 동아리에서 잘 나가는 크루로 인정받았고 크고 작은 행사에까지 초청되어 공연하는 영광도 누릴 수 있었다.

댄스와 더불어 노래 역시 빼면 아쉬울 나의 재능이다. 지인의 결혼식에서 불렀던 축가만 해도 50회는 넘으니 가수만큼 뛰어나진 않아도 재능이 있다고 자신 있게 말해도 되지 않을까? 어쨌든 재능이 기본으로 받쳐줬던 댄스와 노래는 확실히 노력하는 것 자체도 재밌었고 그러다 보니 성과도 남달랐다.

또 다른 나의 재능은 기본적으로 사람을 좋아하고, 사람 만나서 대화하는 일을 재미있어 한다는 것이었다. 교우관계가 좋기로는 둘째가라면 서러울 정도였고, 친구들 사이에서도 항상 모임을 주도하고 안부 연락을 먼저 하는 사람으로 유명했다. 그래서인지 남들은 어려워하는 영업이라는 일이 나에겐 그리 어렵지 않게 다가왔고 심지어는 재밌다고 느낄 때도 많았다.

재능을 일찌감치 알아본 비슷한 사례로, 강릉 명문고인 K고에 소위 '노는 애'로 유명했던 인기라는 친구가 있었다. 그렇게 학기 중에 '탱탱~' 놀다가 모의고사 하루 전에 공부했음에도 불구하고 전교 10등을 벗어나 본 적이 없는 희귀한 친구였다. 하지만 매일 학교와 학원, 집 이렇게 삼각형 동선을 가지고 누가 봐도 열심히 공부했던 B 친구는 전교권은 커녕 반에서 10등 안에도 들지 못했다. 인기의 공부 재능이 확실해지는 부분이다. 역시 타고난 공부 재능을 가지고 인기는 순경으로 취업해 15년 만에 무궁화 세 개인 경정을 달았다. 현지 경찰들에게 물으면 이게 얼마나 대단한 일인지를 알 수 있을 것이다. 아마 그들은 엄청난 학업능력이 받쳐줘야 한다고 입을 모아 혀를 내두를 것이다.

초등학생 시절부터 운동을 했던 친구 선호는 장거리에 강한 체력과 신체조건을 가지고 있어서인지 자신보다 더 일찍 인라인 종목을 시작했던 다른 친구들보다 훨씬 뛰어난 실력을 갖고 있었다. 그 재능 덕분에 그는 전국체전 1, 2위는 기본이었고, 한국신기록도 수립하며 결국 운동선수의 꽃이라는 국가대표에까지 뽑혔다.

마지막으로 20대에 한솔 오크밸리에서 법인회원권 분양영업을 할 때 만난 동생 범중이는 타고난 언변가이다.

처음 영업을 시작할 때도 당시 미팅 후 계약 확률이 나 보다 늘 두 배 이상은 높았다. 그는 말로 사람을 설득하는 능력이 좋아 누구보다 빠르게 계약을 성사시켰다. 언변이 좋은 그는 다른 영업조직에 가서도 항상 1등을 하였고 어떤 회사를 들어가도 높은 매출을 달성하였다. 현재는 광고대행사 대표가 되었다.

어쩌면 성공을 목표로 한다는 것은 자신의 재능을 찾아내는 과정의 다른 의미일지도 모른다는 생각이 든다. 물론 자신에게 어떤 재능이 있는지 찾아내는 일이 그리 녹록한 일은 아니다. 하지만 적어도 다양한 경험을 통해 많은 일을 해보면 내가 재미를 느끼는 분야가 무엇인지는 알아낼 수 있지는 않을까? 재능을 빨리 발견하면 얻어지는 이점이 많다. 일에 대한 효율이 높아짐은 물론 그것을 통해 성공을 좀 더 빨리 당길 수도 있다. 일하면서 얻는 재미는 가장 큰 수확일 것이다. 재능도 없는 데 노력만 하는 건 고생만 진탕하는 시간 낭비다.

어떤 분야든 자신이 재능이 있다고 느낀다면 고민하지 말고 일단 덤벼보면 좋을 것 같다. 최소한 내가 재능이 있으니 일이 재미있을 것이고, 재미가 있다 보면 능률도 오르고 그러다 보면 성과는 저절로 달성될 것이기 때문이다. 재능이 있다면 노력도 재미가 있다는 말도 안 되는 얘기가 말이 되는 기적을 몸소 느끼게 될 것이다. 재능은 모두에게 있다. 그걸 찾자! 이게 가장 우선시 되어야 하는 일이 아닐까?

#2. 내 꿈은 영업맨

예기치 않은 곳에서 시작된 꿈

부모님들이 걱정 어린 눈빛으로 자녀에게 가장 많이 물어보는 말이 "나중에 뭐 하면서 먹고 살 거니?"다. 청소년기에는 "어느 대학 갈 거니?"라고 묻고, 대학생이 되면 "뭐 해 먹고 살거냐?"라며 취업을 걱정한다. 나 또한 질풍노도의 시기를 지내며 진로를 고민했고 대학에 들어가서는 취업을 걱정하며 많은 밤을 고민과 답답함 속에서 지새운 적이 많았다.

앞이 보이지 않던 어느 날 떠난 미국. 거기서 번 돈으로 두

달 동안 친동생인 윤교와 미국 유럽 배낭여행까지 마치고 온 나는 영어에 자신감이 붙었었다. 호기롭게 귀국한 나는 영어 실력을 무기 삼아 대기업 해외영업파트에 지원을 했지만 역시 취업시장의 문턱이 정말 높다는 걸 다시금 느꼈었다. 하긴 명문대 출신도 아니고 스펙이 대단한 것도 아닌 나의 이력서는 인사담당자들에게 구미가 당겨지는 것은 아니었을 터.

현타를 세게 맞은 나는 과감하게 턴을 했다. 영어 관련 업종인 리조트나 호텔 등에 지원을 한 것이다. 하지만 차선이라고 생각했던 이 분야도 호락호락하지 않았다. 여기저기서 면접을 보고 떨어지길 여러 번, 우여곡절 끝에 당시 한솔오크밸리라는 회사에 취업을 하게 되었다. 당시 나는 법인 영업TF팀이라 하여 리조트와 골프회원권을 법인 상대로 전담 판매를 해야 하는 조직에 배정이 됐다.

가장 먼저 한 업무는 기존 법인 회원사를 방문하여 회원권 추가 구매를 요청하는 일이었다. 생각보다 어려운 업무였다. 이후 신규법인 발굴을 위해 사방팔방 방문하기 바빴고, 홍보 판촉 활동의 일환으로 우편물도 엄청 보냈다. 남들 다 노는 성수기 시즌에 나는 리조트 현장에서 분양 데스크를 운영하기도 하며 실적을 내기 위해 최선을 다했다. 많지 않은 급여에 추가 수당제였기 때문에 정말 최선을 다했지만, 생각만큼의 실적을 달성하진 못하였다. 1년 가까이하면서 실패가 확인되자 우리 TF팀은 사라졌고, 회원서비스팀에 귀속되어 대행사 영업직원들의 신규계약서 입회, 회원카드 발급, 연회비 정산, 명의개서, 영업사원들에게 급여 주는 일 등을 하게 되었다.

그중 특히 영업사원들에게 수당이 포함된 급여를 주는 일이 생각보다 재미있었다. 급여 리스트에 있는 사람들의 연봉과 얼굴을 매치해 보는 건 정말 흥미로운 일이었기 때문이다. 당시 오크밸리 골프와 콘도를 가장 많이 판매한다는 부동의 1등 이병준 부장님이 계셨는데 이분은 독보적인 실적으로 늘 많은 수당을 받으셨다. 1등의 노하우가 궁금해 그를 분석하기 시작했는데 역시 1등은 왜 1등인지 알 수밖에 없었다. 이병준 부장의 계약서에 적힌 글씨는 그의 깔끔한 외모와 일 처리만큼이나 완벽했다. 혹여나 담당자인 내가 실수할까 봐 중요한 내용은 꼭 포스트잇에 추가 메모로 붙여 왔고 구비서류 또한 항상 입댈 것이 없었다.

그러던 어느 날, 한창 법인 영업을 할 때 내가 방문상담을 진행했던 큰 법인에서 난감하게도 계약은 이병준 부장과 해 버렸다. 냉정한 자본주의 사회라 이해는 갔지만 납득이 되지 않았다. 억울하고 속상해하던 그때, 본의 아니게 만들어진 이 상황이 너무 미안했던지 부장님은 거한 식사와 술자리를 대접해 주셨다. 술 한잔 기울이며 허심탄회한 얘기를 하던 중, 이 부장님은 영업에 대한 비전과 돈에 대한 목표를 제시하며 내게 영업을 권유하셨고, 그때 소개받은 곳이 대명리조트(현 소노 호텔 앤 리조트)였다. 내가 했던 법인 영업은 최소한의 급여를 받고 일정 부분의 수당을 받는 형태였다면, 대명리조트의 개인 영업조직은 급여가 없는 대신 더 큰 수당을 받는 구조였다.

나는 급여 없이 100% 회원권 분양 실적에 대한 대가로 수당을 받는다는 사실이 매력적으로 느껴졌다. 한치의 고민도 없이 선택한 대명리조트 입사에 최선을 다하던 중 이모의 친구분이 대명리조트 영업국 국장님이라는 정보를 알게 됐고, 바로 소개를 받은 후 면접을 통과했고 당장 출근이 가능하다는 연락을 받았다.

이런 수당을 받는 영업을 시작하게 되면 '월급 없이 과연 내가 목표한 바를 이룰 수 있을까?', '돈을 많이 벌 수 있을까?'라는 생각이 사실 큰 공포로 다가올지도 모른다. 하지만 맨땅에 헤딩해서 영업으로 큰 성공을 이룬 이병준 부장의 모습을 떠올리며 스물아홉 살의 나는 혹독한 영업의 세계에 그 첫 발을 담그게 되었다.

내가 리조트 영업을 하게 될 줄은 꿈에도 몰랐다. 지금 생각해 보니 대기업 해외영업부서에서 떨어진 것도, 리조트 회원권 영업을 하기 위한 운명적인 타이밍은 아니었을까? 법인영업 TF팀이 사라지고, 회원서비스팀에 귀속되어 대행사 영업 직원들의 급여를 확인할 수 있게 된 것도, 당시 부동의 판매 1위 이병준 부장님을 만나게 된 것도 이미 정해져 있었던 운명이 아니었나 싶다. 말이 안 되면서도 말이 되는 이 아이러니함, 우연 같으면서도 운명 같은 천직을 만나게 된 것도 신기하다. 이게 인생이지. 꿈은 예기치 않은 곳에서 찾아오기도 한다. 지금 꾸고 있는 꿈이 좌절을 가져오거나 실현 가능성이 낮아 보여도 실망하지 마라. 어디서 어떻게 새로운 멋진 꿈을 만날지 모르니 말이다.

> 시작은 공포였지만 영업을 시작하는 나에게
> 큰 동기부여를 주었고, 단 한 순간도 이 선택을
> 후회해 본 적이 없게 만들어 주신
> 이병준 부장님께 심심한 감사 인사를 드립니다.
> 영업을 시작하면서 제 인생은 매일이
> 새로운 나날들이었습니다.

#3. 영업은 나의 운명

레저 컨설턴트야말로 진정한 나의 천직

　대중적으로 가장 많이 판매되는 회원권은 4천만 원 내외의 30평 투룸 스위트 타입이다. 고객은 주로 10세 이전의 초등 저학년생을 자녀로 둔 40대 안팎의 장년층이거나 손자 손녀를 둔 60대 이상의 노년층이 거의 80%를 구성하고 있다. 아무래도 초등 저학년이 학습에 대한 부담이 덜하고 결석을 해도 무리가 없어 가장 많이 놀러 다니는 연령대라 그런 게 아닌가 싶다. 더불어 가족 단위로 여행을 가장 많이 다니는 때도 그즈음이기도 하다.

그래서 해당 연령대의 가망 회원과 상담을 할 경우는 리조트 회원권의 상품을 다 소개하지 않고 그들의 상황을 어느 정도 미리 감안하여 두 개 정도의 상품만 추천한다. 그런데 이때의 특이점은 회원권 정보보다는 여행 정보를 더 많이 알려준다는 것이다. 주중, 주말 계획도 그날의 특성에 맞게 여행 코스를 정해준다. 특히 리조트 전국 체인 지역을 중심으로 1년 계획을 세워주는데, 리조트 위치를 기반으로 근처 관광지나 맛집 등을 알려주면 너무나 만족해하며 계약으로 이어지는 경우도 많다.

'LC'라는 말을 들어 본 적이 있는가?

'Leisure Consultant(레저 컨설턴트)'의 약자로 우리 회사에서 직급 대신 부르는 호칭이다. '여가를 즐기는 데 조언을 해주는 사람'이라는 본래의 뜻에 충실한 모습을 회원들에게 보여주고 싶었다. 그래서 회원권 소개나 판매에 그치지 않고 회원들의 여가에 일조하는 길잡이가 되겠다는 마음으로 여행 계획을 짜주곤 한다. 그런데 전국 16개 지역에 위치하고 있는 리조트 모든 곳을 직접 가보지 않고 고객에게 조언한다는 건 너무 양심과 도리에 어긋나는 일이라는 생각이 들었다. 직접 그곳에 가서 보고 느껴야 정확한 정보를 전달해 줄 수 있으며, 추후 다녀온 고객과도 진짜 다녀온 사람들끼리만이 느낄 수 있는 공감대를 형성할 수 있기 때문이었다.

직접 체험해 봐야 어느 골목에 유명한 맛집이 있는지, 리조트 건물 몇 동 몇 호 라인의 뷰가 훨씬 대박인지, 고객이 원하는 살아있는 따끈따끈한 정보를 제공해 줄 수 있다. 그러한 이유로 나는 회사에서 나보다 리조트 숙박을 많이 해 본 사람이 없을 정도로 많이 돌아다녔다. 그래서 미취학 연령의 자녀를 둔 40대 가장으로서 가장 바쁜 나날을 보내고 있는 나에게 이 레저업은 얼마나 소중하고 고마운 일인지 모른다. 우리는 일을 핑계로 주중, 주말 할 것 없이 다 같이 여행을 다녔다. 다행히 와이프도 운전이 가능했고 외향적 성향이 나와 비슷해 여행 궁합이 잘 맞았다. 어떨 땐 8주 연속 주말마다 여행을 떠나기도 했으니 가족이 모두 함께 여행 가서 숙박한 횟수를 세어보면 거의 100박에 가까울 것 같다. 이게 가능한 이유는 다른 사람에 비해 업계 종사자로서 저렴하고 손쉬운 예약 '루트'를 활용하고 있었기 때문이다. 이 '루트'라 함은 바로 내가 몸담고 있는 회사의 복리후생으로 누릴 수 있는 가족 숙박 지원이 그것이다. 회사는 임직원 본인 및 배우자 직계가족을 포함하는 가족들에게 연 90박 정도를 회원가로 사용토록 해준다. 그뿐만 아니라 스키장, 워터파크, 사우나, 피트니스 등 모든 부대시설 이용료를 저렴한 회원가로 제공하거나 무료로 이용할 수 있도록 해주는데 어찌 여행을 안 갈 수가 있을까? 임직원에게는 사번이 곧 회원권 번호와 다름없는 가치를 지니고 있다고 해도 지나치지 않을 듯싶다.

생각해 보면 이런 복리후생의 지원은 특히 영업맨에게 일석이조의 혜택인 것 같다. 가족과 여행하며 쉼과 동시에 고객에게 안내해 줄 리조트 상품을 직접 경험해 볼 수도 있으니 말이다. 더할 나위 없이 내가 꿈꾸던 직업이 아닐 수 없다.

#4. 부자가 되기 위해 누구와 엮일 것인가?

피가 되고 살이 될 사람을 곁에 두자

"아무도 넘볼 수 없는 일류 세일즈맨으로 성공하자!"

이는 대명리조트에 입사하고 영업 분야가 나의 스펙을 새롭게 써줄 가능성의 분야라는 확신을 한 이후 내가 세운 목표다. 강원도 강릉 출신에 지방대 학력을 가진 나는 세상이 인정하는 멋진 스펙을 가지고 있지 않다. 하지만 철이 들고 독립을 한 즈음부터는 이미 지나간 나의 스펙은 바꿀 수 없지만 앞으로 채워갈 나의 스펙은 나의 의지와 노력으로 얼마든지 바꿀 수 있겠다는 생각을 했던 것 같다. 그렇게 해서 세운 목표였고, 나는 그걸 이룰 수 있을 거라는 푸른 꿈을 안고 일을 시작했다. 하지만 그 목표는 아는 사람도, 경험도 없는 신입사원에게는 너무나 요원하고 무모했다는 걸 입사 3개월 동안 기본급 60만 원을 받고서야 알았다.

당시 영업부서에서는 계약이 없으면 60만 원의 기본급밖에 받지 못했다. 첫 계약을 따면 '아이스 브레이크'라고 해서 모든 사람에게 축하를 받는다. 골프로 치면 '머리를 얹는다'랄까? 영화감독으로 치면 '입봉'과 같은 의미가 아닐까 싶다. 나 또한 누구보다 빨리 '아이스 브레이크'의 축하를 받고 싶었고, 기본급에서 하루빨리 탈출하고 싶었다. 그래서 무작정 발로 뛰었다. 곳곳에 현수막을 달았고 서울의 수많은 빌딩을 타며 계약할 사람들을 찾아다니기 시작했다. 이렇게 땀방울을 많이 흘렸으니 곧 계약이라는 성과를 볼 수 있을 거라 나는 철석같이 믿었다. 하지만 애석하게도 석 달 뒤 나는 제대로 현타를 맞았다.

3개월 동안 60만 원에서 탈출하지 못했던 나는 더 이상 견딜 수 없어 다시 전열을 가다듬기 시작했다. 당시는 블로그가 새로운 매체로 등장하던 때였다. 온라인 공간이 낯설었던 나는 네이버에서 실시했던 키워드 광고를 비롯한 모든 교육을 시간대별로 모두 들었다. 닥치는 대로 들었다고 해도 과언이 아닐 정도로 많이 들었고, 그걸 토대로 실제 운영을 해보기도 했으며 실수를 거듭하며 실패의 쓴맛을 보기도 했다. 그러한 경험을 바탕으로 낸 나의 결론은 '블로그' 영업을 해보자는 것이었다.

당시 교육을 통해 배운 핵심은 단순하게 어떤 정보나 내용을 컨트롤 C, 컨트롤 V 해서는 안 되고 직접 작성해야 한다는 것이었다. 잔머리 쓸 줄 모르는 나는 오로지 나의 성실함과 우직함을 무기 삼아 무작정 시작해 보기로 했다. 리조트 정보를 비롯하여 나의 소소한 일상도 지속해서 올렸다. 하루에 한두 개 포스팅하는 것도 많은 편이라 했지만 나는 매일 3~4개는 기본이고 많게는 10개씩 정성스레 원고를 작성해서 올렸다. 소위 '손가락 막노동'이라고 불리는 블로그 포스팅 작업에 매달린 것이다. 그렇게 끝도 없는 단순노동 작업에 빠져 있던 어느 날, 기다리고 기다리던 연락이 왔다. 감격스러운 순간이 아닐 수가 없었다. 그렇게 사람들을 대면해서 만났는데 나의 첫 계약을 온라인 블로그가 가져오다니! 블로그를 보고 연락을 해 온 사람은 의왕에 사는 수학학원 원장님이었다. 아직도 내 머릿속엔 그분의 이름이 선명하게 남아 있을 정도로 나에겐 강렬한 첫 기억이 되었다. 소중한 나의 첫 고객인 그분에게는 내가 할 수 있는 모든 정성과 대접을 다 했던 것 같다. 그렇게 그분과의 계약을 시작으로 4개월이 되던 때 드디어 60만 원을 탈출해 310만 원을 받게 되었고, 아직도 그날의 짜릿함은 잊을 수가 없다.

하지만 당시 선배들은 영업의 어두운 미래를 말하며 사회 초년생인 내게서 꿈과 희망을 뺏어갔다. 눈만 마주치면 신세 한탄을 해댔고, 본인처럼 살게 될 거라며 다른 일을 찾아보라는 조언의 탈을 쓴 악담을 하기 일쑤였다. 멋모르던 나는 덩달아 불안했고 걱정이 앞섰지만 '아이스 브레이크'를 하고 난 이후 난 깨달았다. 어찌 됐든 '저들과는 엮이지 말아야겠다'라고 말이다. 아무리 선배라 해도 나에게 부정적인 에너지를 주는 사람에게서는 얻을 것이 전혀 없다는 것을 느꼈다는 것이다. 무조건 그 분야나 부서에서 롤 모델이 될 만한 사람과 엮일 수 있도록 해야 한다. 비록 그의 뒤치다꺼리를 하더라도 그게 남는 장사니까 뒤를 졸졸 따라다니는 서당개가 되어야 한다. 얼마간의 시간이 지나면 조만간 풍월을 읊을 수 있게 될 것이니 말이다.

그러나 소위 '잘 못 엮이면' 진짜 망하는 급행열차를 타게 되는 아찔함을 경험하게 된다. 물론 영업이라는 업의 특성이 서로 간의 경쟁을 기본으로 하기에 상대방에게 도움을 주는 진실한 멘토를 찾는 것이 '서울에서 김 서방 찾기'만큼이나 어렵다. 특히 신입시절에는 경험도 없고 노하우도 없기 때문에 주위에서 보고 들은 것이 영업의 기본기가 되는 경우가 허다하다.

실제로 사무실과 가까운 지역에 있는 고객과 계약을 앞둔 선배 영업사원의 꼼수가 해도 되는 일인지 판단이 안 설 정도로 초짜 시절에 있었던 사건이 있다. 고객이 있는 곳까지 시간 맞춰 가는 것조차 귀찮아했던 한 선배는 고객에게 줄 선물이라는 명분을 앞세워 도장을 만들어 계약서에 찍은 다음 고객에게 등기로 보냈다. 계약은 무리 없이 성사되었고, 그 과정을 옆에서 모두 지켜봤던 나는 편하고 효율적인 방법이라 생각해서 한번 해봐야겠다는 결심을 했었다. 어느 날 나에게도 계약의 순간이 왔고, 당연히 그 선배가 했던 방법 그대로 진행했다. 물론 계약자의 부인과 유선상으로 협의가 되었고, 나는 계약 성사 후 나올 수당을 기대하고 있던 차였다.

하지만 계약 당일 이 사실을 부인에게 들은 계약 명의자인 남편이 나에게 전화를 해서 일의 진행 방식이 맘에 안 든다며 계약을 하지 않겠다고 통보했다. 당황했지만 경험도 없었고 예상도 못 했던 나로서는 받아들일 수밖에 없었다. 하지만 며칠 뒤 다른 직원을 통해 그분이 계약한 걸 보고 나는 속상함을 넘어 분노했다. 굶주린 야생동물이 눈앞에서 먹잇감을 뺏긴 것 마냥, 화와 억울함을 자제하지 못했던 나는 담당 국장에게 속상함을 토로했다. 내 말만 듣고 덩달아 열받은 국장은 바로 계약을 뺏어서 체결한 해당 팀 국장에게 달려가 항의했다. 그 이후는 말하지 않아도 예상할 수 있을 것이다. 직원 교육을 똑바로 다시 하라는 훈계를 듣고 온 국장에게 난 상상 그 이상으로 깨졌고 멘탈은 나갔다. 하지만 멘탈이 나간 빈자리엔 확실한 영업 마인드가 채워졌으니 귀한 경험이 아닐 수 없다.

영업부서는 타 기업의 조직과는 달리 수직 구조가 아니

라 수평 구조다. 더 정확히 말하면 실적이 그 사람의 능력이자 직급을 말해준다. 그러므로 높은 실적을 달성하기 위해서라도 자신에게 피와 살이 될 만한 영양가 있는 사람과 가까이하는 것이 중요하다. 지친 자신에게 격려와 힘을 주고, 알토란같은 귀한 영업 스킬이나 노하우를 공유해 주거나 자신을 한결같이 믿고 인정해 줄 사람을 곁에 두자. 그 사람이 상사든, 선배든, 후배든 상관없다. 물론 요즘같이 삭막한 무한 경쟁 시대에 이런 귀한 사람이 드문 건 사실이다. 하지만 당신이 먼저 누군가에게 피와 살이 되는 데 일조한다면 분명 당신 곁에도 소중하고 고마운 귀인이 함께할 것이다. 자신 주변에 어떤 사람들을 두느냐에 따라 인생의 방향과 질(質)이 달라진다는 걸 명심하자.

#5. '영업' 분야 파헤치기

영업활동은
모든 사업의 기본 중 기본

"니들이 영업 맛을 알아?"

오래전에 유행했던 스낵 광고에서 배우 신구 선생님이 외쳤던 멘트를 살짝 빌려 영업 찬양(?)을 해볼까 한다. 영업에 대한 장점을 나열하자면 한두 개가 아니다. 우선 영업은 대표적인 무자본 사업이다. 건강한 몸뚱이만 있으면 된다. 운전까지 할 수 있으면 금상첨화다. 또한 다른 업종과 달리 사업을 하기 위해 필요한 절차나 단계가 가장 심플하다. 유통업을 하려면 먼저 오프라인 매장을 열든 스마트 스토어를 만들든 판매할 창구를 마련해야 하고, 제품 단가나 판매 수량도 맞춰야 하며 제조업체와의 조율도 시시때때로 해야 한다. 제조업도 마찬가지. 제조할 공간이나 기계가 필요하고 인건비에 재료비까지 신경 써야 할 게 어마어마하다. 배우고 익혀야 할 것은 넘쳐나고 복잡한 서류작업은 물론 업황도 읽어야 하고 시장 분석도 필수다.

하지만 영업은 어떠한가. 판매할 제품에 대한 숙지가 끝나면 바로 판매에 돌입할 수 있고, 그 후 돌아올 수익 계산만 하면 모든 단계는 끝이 난다. 게다가 시간과 경험이 축적되면 가능성도 크고 비전도 높은 게 영업이라는 일이다. 얼마나 심플한가. 복잡한 걸 너무나 싫어하는 나에게는 안성맞춤인 사업이다. 그러나 영업을 바라보는 사람들의 시선이 부정적인 경우가 많아 안타까울 때가 많다.

보통 스타트업이나 사업을 한다고 하면 많은 사람들은 부러워한다. 성공 여부를 떠나 사업을 한다는 거 자체에 의미를 부여하고 도전에 박수를 보낸다. 하지만 영업을 시작한다고 하면 다들 의아한 눈빛부터 보낸다. '사는 게 많이 어려운가?'

아님 '돈이 매우 궁한가?'라는 마음이 눈빛에서 가득 느껴진다. 열에 아홉은 다른 일을 해보는 게 어떻겠냐며 극구 만류하기도 한다. 마치 영업이 하다 하다 도저히 안 돼서 받아들인 밥벌이의 종착지 같은 느낌이라 더욱 안타깝다.

대체 왜 그런 반응들을 보이는 건지 곰곰이 생각해 보니 이해가 되기는 했다. 세상에 어렵지 않은 일이 어디 있겠느냐마는 쉬워 보이고 심플해 보이지만 막상 해보면 정말 어려운 일이 또 영업이다. 단계가 심플하고 무자본에 건강한 신체만 있으면 누구에게나 열려 있는 업인 반면, 성공 케이스가 워낙 적어 더 어렵게 느껴지는 것 같은데, 아마도 사람을 상대하는 일이라 더 그렇게 생각하는 것 같다.

하긴 이 세상에 사람의 마음만큼 어려운 것이 또 있으랴. '열 길 물속은 알아도 한 길 사람 속은 모른다.'라고 하지 않았는가. 세상에서 가장 가까운 부모 자식, 사랑하는 연인의 마음도 알기가 어려운데 생판 남인 고객의 마음을 알고 그걸 이용해야 하는 일이라니. 힘들 것이라는 예상은 바보가 아닌 이상 다 할 수 있을 것이다. 하지만 사람들과 더불어 살아가는 이 세상에서 사람을 상대하지 않는 일이 얼마나 될까?

2023년도 3월 통계청, 경제활동인구조사 기준으로 우리나라 취업률이 62.2%밖에 안 된다는 통계가 나왔다. 10명 중 4명은 아무런 경제 활동 없이 취업을 준비하고 있다는 말이다. 빵빵한 복리후생은 물론 고액 연봉인 데다 워라밸까지 챙겨주는 대기업은 누구에게나 매력적이고 모두가 원하는 곳이라는 것엔 이견이 없다. 하지만 경쟁률이 센 만큼 쉽게 갈 수 없다는 게 문제다. 기약 없이 대기업만을 바라보며 취업 준비를 하고 있는 청년들에게 나는 적극적으로 영업직을 추천한다.

　영업직을 추천하는 첫 번째 이유는 진입장벽이 낮아 특별한 준비 없이도 취업할 수 있기 때문이다. 물론 본인이 품은 꿈이 특정 기업이나 부서에서만 이뤄진다면 그건 어쩔 수가 없지만, 그저 돈을 벌기 위함에 그 목적이 있어 이것저것 스펙 쌓기에만 몰두하고 있다면 과감히 영업직에 한 번 도전해 보라고 권해주고 싶다. 건강한 신체와 열정 가득한 정신만 있으면 가능하다.

　두 번째 이유는 마케팅의 기본기를 제대로 익힐 수 있는 업이기 때문이다. 마케팅 이론을 구축한 인물로 유명한 경제학자 필립 코틀러는 "마케팅은 자본주의가 제대로 돌아갈 수 있도록 하는 원동력이고 그런 점에서 마케팅과 경제학은 떼려야 뗄 수 없는 관계입니다."라고 말했다. 그만큼 자본주의 사회에 사는 우리는 마케팅에 대해 알고 있어야 하는 게 당연할 일일지도 모르겠다. 온·오프라인으로 광고를 해보면서 고객에게 활용도 하고, 실제로 고객에게 거절당하거나 브리핑도 직접 해보면서 몸으로 익히는 영업 스킬은 살아있는 마케팅 기법을 배우는 것이라 해도 과언이 아닐 것이다. 이렇게 배운 마케팅 노하우는 나중에 본인이 사업을 할 때도 무지하게 잘 써먹을 수 있는 값진 경험이 될 거라 확신한다.

마지막 세 번째는 영업직이 의외로 워라밸을 가장 잘 누릴 수 있는 직종이기 때문이다. 영업이 워라밸을 포기해야 하는 업으로 강하게 인식되어 있는데 하긴 고객의 스케줄을 가장 우선으로 하다 보니 개인의 시간이 상대적으로 보호받지 못하는 것처럼 보일 수 있다. 물론 영업 초반에는 고객의 스케줄에 맞춰야 하다 보니 출퇴근 시간이 일정하지 않아 힘들어 보일 수도 있다. 하지만 어느 정도 입소문이 나고 나름대로 매출이 궤도에 오르면 그 어느 누구보다도 시간 활용이 쉽고 적게 일하고 많이 버는 상황이 오기도 한다. 즉, 경제 활동을 하는 사람들의 '로망'이 될 수 있다는 말이다.

그러니 무조건 대기업 취업에만 목을 매달며 아까운 청춘을 허비하지 말고 눈을 돌려 다양한 직종이나 업태에도 관심을 가져 봤으면 좋겠다. 물론 선택은 자유지만 한 살이라도 젊을 때 조금만 열린 마음으로 둘러보면 기회의 땅은 얼마든지 널려 있다.

#6. 우리 회사로 말할 것 같으면

브랜드에 업혔다면
파워를 제대로 누려라

"지피지기 백전불태(知彼知己 百戰不殆)"라는 말이 있다. 상대를 알고 나를 알면 백 번 싸워도 위태롭지 않다는 뜻으로, 상대편은 물론 나의 강점과 약점까지 충분히 알고 싸움에 임하면 이길 수 있다는 것이다. 모든 일이 그러하거늘 영업이라고 뭐 다르겠는가. 고객의 니즈를 바탕으로 한 정확한 셀링 포인트를 안다면 영업은 그야말로 식은 죽 먹기다. 이 사실은 영업직원이 아니더라도 누구나 다 알 수 있는 진리다. 하지만 사람들이 간과하고 있는 것이 있다. 바로 경쟁상대나 고객에 대한 정보 즉, 지피(知彼)의 중요성에 대해서는 잘 알고 있으나 지기(知己)에 대해서 가볍게 생각하거나 알고 있다고 생각해 대충 넘어가는 경우가 많다는 것이다. 더군다나 자기가 다니는 회사에 대해서 모르는 경우는 태반이다. 개인 사업이 아니라 본인 회사의 이름을 걸고 영업을 하는 사람은 더더욱 회사를 완벽하게 이해하고 있는 것이 무엇보다 중요하다.

회사에 소속된 사람이라 하더라도 회사의 정보를 다 알기란 매우 어려운 일이다. 물론 회사의 그룹웨어로 공유되는 기본 정보가 있긴 하지만 관심을 가지고 파고들기 전까지는 외부인이 알고 있는 수준과 다를 바 없다. 물론 영업을 하는 데는 판매를 할 제품에 대해서만 알고 있어도 된다. 그러기만 해도 매출을 올리는 데에 큰 무리가 없을지도 모른다. 하지만 이러한 생각은 굉장히 위험하다.

고객은 자신이 거래하는 사람이 굉장히 스마트하고 전문적이며 신뢰할 수 있는 인물이길 바란다. 그래서 그런 사람에게 상품을 구매한 것이 잘한 선택이었다고 확인받고 싶어 한다. 이런 상황에서 고객은 알고 있는데 정작 그 회사에 소속이 되어있는 영업사원이 회사에 대한 정보를 모르고 있다면 그 비싼 회원권을 믿고 구매할 수 있겠는가. 서로가 난감하고 민망한 상황에 무너지는 영업사원에 대한 신뢰감과 감출 수 없는 실망감은 원복하기 정말 어렵다.

회사의 네임 밸류가 높을수록, 그 회사에 대한 정보가 미디어를 통해 많이 노출되어 있을수록 더욱더 본인이 재직 중인 회사에 대한 정보를 파고들어야 한다. 왜냐하면, 회사의 웬만한 정보는 고객들도 이미 알고 있을 확률이 높기 때문이다. 그렇기에 회사의 주요 이슈는 물론 계열사의 정보까지 꿰뚫고 있어야 정글과 같은 영업부문에서 그나마 살아남을 수 있지 않을까 생각한다. 이것은 단순히 애사심 차원에서 재직하고 있는 직원으로서 해야 할 도리로 알고 있어야 한다는 게 아니다. 영업 전선에서 반드시 필요하고 고객에게 신뢰감을 주기 위한 기본 조건이기에 성공하고픈 세일즈맨이 되고 싶다면 반드시 기억해야 할 것이다.

예컨대, 어느 지방에 어떤 리조트가 착공된다거나 각자 리조트에서 시행하고 있는 이벤트 프로모션까지 속속들이 알고 있어야 한다. 물론 동종업계의 리조트 관련 동향이나 마케팅 프로모션을 알고 있어야 하는 건 기본이라 더 이상 말하지 않겠다. 정보력이 빵빵한 영업맨이 되기 위해서는 사내 그룹웨어에서 공유하고 있는 정보를 바탕으로 해당 지사나 담당 부서를 찾아 질문에 질문을 거듭하면서 궁금증을 해소하는 방향으로 꾸준히 노력해야 할 것이다.

공격적인 현장 영업활동도 좋지만, 생각보다 성과가 없는 경우도 많다. 하지만 책상 앞에서 꾸준히 손품을 팔며 자신이 몸담은 회사의 정보는 물론 다양한 분야의 정보를 취득하는 것만으로도 계약으로 이어지는 경우가 의외로 많이 있다. 그러니 본인의 회사와 업계의 뉴스에 민감하게 반응하고 처절하게 파고들길. 나같이 회사의 브랜드에 업혀 영업하는 사람들은 이 브랜드가 가진 힘을 최대한 활용해야 한다. 나라는 사람보다 '소노'라는 회사의 브랜드를 믿고 상담을 요청해오는 고객들도 적지 않다. 그런 그들에게 자신의 브랜드에 대한 정보를 제공하고 믿음을 줘야 하는 건 당연한 일 아니겠는가.

#7. 사람이 재산이다

100세 시대, 어떻게 살아야 할까?

　베이비붐 세대. 한국 전쟁 후 출산을 장려했던 사회적 분위기에서 태어난 세대로, 특히 1955~1963년에 태어난 사람들을 말한다. 즉, 40대인 나의 기준에서 부모님 세대와 삼촌뻘 세대인데, 이들은 베이비붐 고성장 시대, 학벌주의가 만연했던 시대에 살았다. 그래서 공부를 잘하고 좋은 대학을 가서 졸업하면 누구나 원하는 좋은 기업에 취직할 수 있었고, 의사나 변호사 같은 전문직이 되어 명예와 부를 누리는 데 큰 어려움이 없었던 시절이 그때였다. 내 나이 대의 또래들도 당시 그런 사실에 큰 이견이 없었다. 부모님 세대가 자식들 또한 당신들이 경험하고 생각한 대로 키웠으니 똑같이 생각하는 건 당연지사.

요즘도 그렇지만 좋은 학벌로 대기업에 입사하거나 전문직이 되는 것이 아직까지 성공의 공식이라고 알고 있는 우리 아이들도 나와 같은 연령대의 부모로부터 받은 영향이 커서 사교육의 폭풍 속에 고군분투하고 있긴 하다. 솔직하게 나는 우리 아이들이 좋은 학벌을 가졌으면 좋겠다고 하는 것 중 가장 큰 이유는 좋은 인맥을 쌓았으면 하는 마음이 크기 때문이다. 세상은 확률 속에서 끊임없이 선택을 해야 하는 치열한 싸움의 현장이다. 그런 상황에서 우수한 인재들이 모이는 좋은 학교를 가면 주변에 소위 잘 나가는 사람들이 많을 확률이 높다. 그럼 그만큼 자신에게 좋은 정보를 주고 도움을 줄 수 있는 사람들이 많을 수 있는 것이다.

사실 전문직을 포함한 사업가들도 이제는 영업을 안 하면 안 되는 세상에 살고 있다. 전문직이 되면 자동으로 돈이 벌리던 시대는 갔다. 경쟁은 더욱 치열해졌고, 새로운 비즈니스 모델이 하루가 다르게 쏟아지고 있는 요즘은 전문직이라고 대우해 주고 미래를 보장해 주지 않는다는 말이다. 게다가 영업 자체가 솔직히 쉬운 분야가 아니다 보니 그 분야에 문외한이거나 적성이 안 맞으면 더욱 고역이 아닐 수 없다. 다행히 내가 그들을 도와줄 수 있는 상황이 많이 있었기에 나는 그들과 좋은 관계를 맺을 수 있었고, 덕분에 좋은 학벌이나 전문직이 아닌 내가 그들과 어깨를 나란히 아니 그 이상의 대우를 받을 수 있게 되었다.

실제로 모임에서 만나 친하게 지내는 동갑내기 한응현 변호사가 있다. S대 법학과 출신으로 대기업 소속 변호사로 있다가 몇 년 전 마음이 맞는 변호사들과 나와서 로펌을 만들었다. 그는 S대 출신인 것을 떠나서도 일머리가 있고 인성도 좋으며 대인관계도 좋고 거기다 성실해서 맡은 사건을 정말 열심히 수행하는 사람이다. 아무리 바빠도 맡은 사건을 완벽하게 처리하기 위해 의뢰인과 정말 많은 통화를 하며 들어주고 일하는 건 기본이며, 일주일에 몇 번을 지방법원에 내려가는 일도 많았다. 왜 그렇게 열심히 하느냐고 물었더니 과거보다 변호사의 숫자가 많아져서 본인이 더 뛰지 않으면 회사 운영이 안 된다고 했다. 전문직이라 탄탄한 성공이 보장되어 있을 것이라 생각했는데, 완전히 잘못 짚은 것이었다. 그래도 이 친구의 마인드나 성실함만 보아도 앞으로 웅현이의 회사는 더욱 성장할 것으로 보인다. 전문직의 틀을 깨고 스스로 자구책을 찾아 노력하고 있으니 말이다.

반대로 내가 아는 변호사 중 개인사업으로 변호사 사무실을 오픈하였지만 엄청난 경쟁에 자리를 잡지 못하고 폐업을 하는 경우도 많이 보았다. 게다가 요즘은 SNS 광고를 하는 변호사 또한 과거보다 확연히 많아졌다. 전문직도 살아남기 녹록지 않다.

그럼 의사는 안심할 수 있는가? 의대생들의 공부량은 상상하지 못할 정도로 많다. 직업에 대한 자부심도 있겠지만 그에 따른 경제적인 보상이 다른 직업보다 월등히 많은 것도 사실이다. 평범한 집안에서 의대를 졸업한 A는 페이닥터로 일하다 더 많은 돈을 벌기 위해 적지 않은 대출을 끼고 강남에 개인병원을 개원했다. 주변 병원들과의 경쟁에서 뒤처지지 않기 위해 광고 마케팅도 스스로 공부하고, 본인의 병원을 알리기 위해 비즈니스 모임에도 꾸준히 나가고 있다. 이제는 어떠한 직업을 갖더라도 우리는 비즈니스 즉, 영업을 잘 하는 사람이 되어야 한다. 앞으로의 세상은 지금보다 더 치열할 것이라는 게 불 보듯 뻔하기 때문이다.

우리나라는 인구 절벽으로 인해 저성장 시대에 돌입했고 경제성장률이 2%에서 0%대로 갈 것이라는 전문가들의 어두운 전망이 이어지고 있다. 이러한 상황에서 더더욱 좋은 학벌과 전문직 즉, 공부를 잘한다는 것만으로는 성공을 장담할 수 없게 됐다. 앞으로는 요즘의 대세, 플랫폼 사업이나 과거에 쿠팡, 티몬, 배달의 민족, 그리고 카카오 같은 공룡기업들이 급성장한 것과 더불어 불과 10여 년 전에는 존재하지 않았던 유튜버나 인플루언서와 같은 새로운 직업을 먼저 찾는 사람들이 더 많은 돈을 벌고 성공할 것이다. 이제는 남들이 하지 않았던 새로운 것을 먼저 시도해야 한다.

내 나이 만 40세. 급변하는 세상! 나는 앞으로도 이 영업일을 계속할 수 있을까? 평생직장은 없다. 영원한 건 더더욱 없다. 굉장히 중요한 질문이지만 쉽게 답을 할 수 없는 게 또 현실이다. 내가 그동안 영업을 하며 많은 회사의 대표들을 만나고 느낀 것 중 하나가 앞으로 학벌이 우리 시대때 만큼 의미가 있을까였다. 그러나 화려한 학벌이 성공을 보장해 주는 건 아니지만 성공에 일조하는 바가 분명히 있다고 느꼈다. 어떤 일이건 사람이 근본이고 사람과 더불어 이뤄내야 하는 일이 많기에 주변에 나의 성공을 도와주는 조력자들이 많다면 좀 더 수월해질 수 있기 때문이다. 제도적으로 우수한 인재를 모아놓은 학벌을 가지고 있지 않다면, 자신의 주변에 피가 되고 살이 될 금쪽같은 인맥을 우선적으로 많이 만들어야 한다. 사람이 재산이고 인맥이 성공이다.

#8. 나는 부자가 되고 싶어요

어렵지만 쉬운 부자 되는 법

리조트 회원권 하나쯤 있을 정도면 소위 '부자'에 속한다. 물론 회사 복리후생 차원에서 법인 회원권을 구매하는 경우가 가장 많지만, 요즘은 개인이나 규모가 다소 작은 사업체에서도 많이들 계약하는 추세다. 물론 예전보다 진입장벽이 조금 낮아지긴 했으나 몇천만 원에서 몇억 원까지 되는 회원권 가격만 해도 만만치 않다. 따라서 리조트 회원권은 어느 정도는 경제적으로나 시간적으로나 여유가 확보된 사람들만의 전유물임은 틀림없다.

이렇게 부자라고 불리는 사람들을 상대로 영업하면서 나는 그들을 많이 부러워했었다. 한참을 부러워하다가 배가 아프면 항상 비판적으로 생각했던 것 같다. 잘 알지도 못하면서 금수저를 들먹거리며 부모 재산이 원래부터 많았다는 둥, 회사를 물려받아서 그렇다는 둥, 비합법적인 방법으로 돈을 모았을 거라며 나를 위안했다. 그런데 이런 생각을 하는 건 가난한 사람들이 가진 대표적인 특징이라나?

내가 만난 부자들은 한결같이 다음과 같은 공통점이 있었다. 바로 '인성'이 좋다는 것이었다. 매사에 겸손하고 긍정적으로 세상을 바라보며 뭐든 열심히 했다. 인연을 소중히 여겨 주변을 챙기고 틈만 나면 베풀었다. 과거에 연연하지 않았고, 매번 새로운 비즈니스에 관심을 두고 미래지향적으로 구체적인 경영 전략을 구상했다.

실제로 내가 알고 있는 A 고객은 그렇게 주변 사람들을 잘 챙겼다. 가족은 물론 친인척에 거래처 사람들까지 사용할 수 있도록 무기명 회원권을 구매했었던 고객인데, 본인은 주변 사람들에게 선한 영향력을 끼치는 사람이 되었으면 좋겠다고 했었다. 그래서인지 다른 고객들을 내게 적극적으로 소개해 주기도 했고, 주식이나 부동산 등 재테크 정보도 아낌없이 알려 주었다. 나 또한 좋은 인성과 매너를 가진 그에게 항상 감사한 마음을 가졌고 뭐든 도와주고 싶어 사업 파트너를 소개해 준 적도 있다. 그러더니 어느 순간 사업이 확장되면서 그는 경제적으로 더욱 윤택해졌고, 그전에 그가 입버릇처럼 얘기했던 회원권 업그레이드도 쿨하게 해주었다.

회원들에게서 부자들의 마인드를 엿볼 수 있는 대목은 이뿐만이 아니다. 건설 자재를 납품하는 회사에 재직 중이던 B 고객은 사람들에게 늘 한결같이 인연의 소중함을 느끼게 해줬다. 코로나로 인한 비대면 시대에도 주변 지인들을 자기 일처럼 잘 챙겼고 그래서인지 그가 비슷한 업종의 사업을 시작했을 때 너도나도 도와주겠다고 발 벗고 나섰다. 이러한 지인들의 도움과 본인의 노력으로 B 고객의 사업체는 연 매출 200억 원이라는 신기록을 남기기도 했다. 그 이후 인연을 계속 이어오던 나를 통해 3억의 회원권을 구매했고, 나 또한 B 고객을 통해 인연의 소중함을 더욱 느끼게 됐다.

하지만 이에 반해 가난한 사람들은 어떠한가? 항상 남 탓을 하고 뭐든 부정적으로 바라보며 안되는 핑계 찾기에 급급하다. 행동보다는 말이 먼저고, 겸손은 눈 씻고 찾아볼래야 찾아볼 수가 없다.

같은 영업직에 근무하는 C 씨는 평소에 가십거리의 뉴스만 찾아보거나 직원들끼리 험담을 하는 것이 루틴이었다. 맨날 보는 동료들과 술자리를 가지면서 다른 동료를 욕하고 비아냥거리기 일쑤였다. 그가 하는 말의 반 이상은 회사 탓 아니면 남 탓이었다. 당연한 결과지만 그는 실적도 승진도 연봉도 제자리걸음을 하다 결국 퇴사하고 말았다.

30대 후반인 고객 D 씨는 모임에서 막내로 통하는 젊은 사람으로서, 항상 웃으며 선배나 연장자들을 잘 챙겼었다. 그러던 중 그가 코인과 주식으로 100억을 넘게 벌었다는 소문이 들리자마자 사람이 급변하기 시작했다. 사치와 허세의 환장(?) 콜라보를 하기 시작하면서 SNS에 자신들의 화려한 모습을 과하게 자랑하기 시작했다. 신상으로 들어온 명품은 거의 다 그 SNS에 있었다고 해도 과언이 아닐 정도였다. 그러고는 곧바로 리치클럽에 가입하여 자신의 부를 만천하에 증명했다. "나~ 이런 사람이야~ 알아서들 기어~~"라는 노래가 마치 자기 노래인 것처럼 말이다.

하지만 안타깝게도 그의 부는 그리 오래가지는 못했다. 더 큰 한탕을 노려보고 싶었던 그가 야심 차게 투자한 게 사기였던 것이다. 자고로 돈이 많다고 자랑하면 할수록 벌레가 꼬이는 법. 그를 통해 나는 역시 쉽게 번 돈은 쉽게 나간다는 진리를 또 한 번 보고 배울 수 있었다.

마지막 E 씨는 30대 초반으로 운영하는 사업체의 규모에 비해 과하다 싶은 2억 원이 넘는 회원권을 구매해서 기억에 남는다. 나이도 젊은데 상당한 금액의 회원권을 구매하는 그의 배짱과 능력에 감탄하려는 찰나 그는 1년 분납을 요청했다. 사실 지금이었다면 말렸겠지만, 당시 영업 초년생이라 뭣도 모르고 계약을 진행했었다. 1년 분납은 3개월 간격으로 중도금을 입금해야 하는데 이마저도 이 고객은 신용카드로 결제했다. 첫 3개월 동안은 그의 가족과 친구들이 즐겁게 이용하며 그의 SNS는 사용 후기 차원의 인증샷으로 넘쳐났고 심지어는 리조트 계약서를 찍어 올려 구매 인증을 하기도 했다. 그의 계정 곳곳에서는 명품과 호화 여행이 담긴 사진으로 이미 화려한 폭죽이 과하게 터지고 있었다.

역시 슬픈 예감은 틀린 적이 없다. 2차 중도금부터 연체되기 시작하더니 결국 중도 해지를 당하고 수천만 원의 계약금을 날리게 된 것이다. '인생은 오직 한 번뿐'이라는 의미가 있는 '욜로족(You Only Live Once)'이라는 말을 들어본 적이 있을 것이다. 이 단어 자체는 부정적인 의미가 아니다. 그런데 현재의 삶에서 최대한의 즐거움을 누리는 것을 넘어 E 씨처럼 쾌락과 향락이 도를 넘어서면 '푸어족(poor族)'으로 전락할 뿐이다.

100세 시대는 축복이기도 하지만 공포이기도 하다. 정년은 정해져 있으며 우리의 신체 능력에도 한계가 분명 온다. 리조트 영업을 하면서 회원들의 사례를 직접 보며 부자들에 대해 많은 걸 생각해 보게 되었다. 뭐가 정답인지는 모르겠으나, 분명한 건 한 살이라도 젊을 때 수입을 최대한 늘려서 시간과 경제적 여유를 최대한 확보해 놓아야 한다는 것이다.

학교에서 국·영·수 과목 외에도 돈을 버는 구체적인 방법에 대해 가르쳐 주면 좋으련만. 자본주의 사회에서 자본, 즉 '돈'은 정말 중요하다. 충분조건은 아닐지라도 필요조건은 맞다. 마이크로소프트사의 창립자인 빌 게이츠는 '가난하게 태어난 것은 당신의 잘못이 아니다. 하지만 죽을 때까지 가난하다면 그건 당신의 탓이다.'라고 말했다. 선택해서 태어날 수는 없지만, 부자가 되는 것은 선택할 수 있다는 말이다.

너무나 공감하는 말인데, 실제로 빌 게이츠의 명언을 몸으로 실현시킨 친구들이 있어서 더욱 진리로 받아들이게 되었다. 초등학교 시절 정말 친했던 친구의 친동생 얘기다. 가정형편이 넉넉했던 주희는 친구와 술이라면 사족을 못 쓰는 소위 '노는 애'였다. 하지만 그 친구 아버지의 사업이 기울면서 가세도 같이 기울어졌고, 엄청 방황하던 그 동생은 입대하고 이라크에 파병까지 신청했다. 그때 가서 모았던 돈으로 일본행을 선택했고, 유명한 일식집에서 아르바이트하며 주방일을 처음 배웠다. 그 후 호주로 이동해 레스토랑에서 매니저로 근무하며 경영 노하우를 배웠다. 한국에 돌아와서 창업을 준비하더니 대치동에서 일본식 자가제면 사누키 우동으로 대박을 쳤다. 현재는 본인의 브랜드를 론칭했으며 수도권에 5개의 직영점을 경영하고 있는 마초야 마주희 대표의 얘기다. 정말 인생은 끝날 때까지 끝난 게 아니다.

또 중학교 시절 친구인 광일이도 자수성가한 대표적인 인물이다. 중학교 2학년 때 내 짝이기도 했던 광일이는 말 그대로 '찢어지게' 가난해서 신문이나 우유 배달 등 항상 아르바이트를 하고 살았다. 돈이 없어 고등학교 진학은 하지 못했고 검정고시로 학업을 이어가다 중고차 매매업에 뛰어들었다. 한동안 소식을 모르고 있다가 얼마 전 그 친구의 근황을 듣고 나는 너무 놀랐다. 안산에서 중고차 매매로 업계 1, 2위를 다투고 있으며 공격적인 마케팅으로 연 매출 100억 이상의 판매고를 올리고 있다는 것이었다. 비록 흙수저로 태어났지만, 본인의 피나는 노력과 절실함으로 수저의 색깔을 스스로 바꾼 내 친구 SK모터스 김광일 대표가 너무 존경스럽고 대견스러워서 눈물이 날 정도다.

같은 대학 06학번 후배인 재현이 또한 가난의 힘겨움을 이겨내고 경제적으로나 사회적으로 인정받으며 자유를 누리고 있다. 이 후배는 시골 출신으로 집안이 가난해 학교도 겨우 나가는 처지라서 대학 입학 이후 아르바이트를 끊임없이 해왔다. 그런데 아직도 기억나는 건 그 후배가 춤, 노래에 재능이 많고 끼도 많았다는 것이다. 학교 축제 때는 단골 출연자였고 댄스 대회만 나가면 1, 2 등은 그냥 휩쓸고 왔다. 그러나 애석한 것은 학교에서는 거의 스타급 대우를 받았지만, 사회에 나가서는 지방대 출신에 이렇다 할 자격증도 없는 너무나 평범한 시골 청년이라는 것이었다. 한때 잘 곳이 없던 그를 우리 집에서 재워주기도 했었는데, 어느 날 한국에서는 자신이 설 자리가 없다고 판단했는지 유럽 관광 가이드를 하겠다며 체코 프라하로 떠났다.

낯선 그곳에서 가이드를 시작했지만, 텃세가 만만치 않아 식당 아르바이트를 전전했고 그러던 어느 날 엄청난 기회를 만나게 되었다. 마침 가이드 한자리가 공석이 났고 경험이 풍부했던 그 후배는 이게 마지막 기회라 생각하며 이 악물고 신입 가이드가 보여줄 수 있는 그 이상의 능력을 보여줬다고 한다. 그 이후의 행보는 말 안 해도 알겠지만, 그 지역 가이드계에서 승승장구하며 이름을 날리게 되었다.

그러나 재현이는 여기에 그치지 않고 자신의 특기인 댄스 실력을 살려 당시 붐이었던 케이팝을 연계해 현지 사람들에게 노래와 춤을 가르쳐 주었다. 그러다 꿈과 같은, 아니 기적 같은 일이 벌어졌다. 체코에서 열린 한국과 체코의 축구 국가대표 대항전에서 애국가를 부르기로 했던 조수미 님의 사정으로 출연이 불발됐고, 평소 이 후배를 좋게 봐주던 한국 영사관의 추천으로 그 영광스러운 애국가를 이 후배가 부르게 된 것이다. 실제로 당시 TV 중계를 보다가 낯익은 후배가 나와 애국가를 부르는 모습을 보고 얼마나 놀랐는지 모른다. 나까지 그 후배를 안다는 이유로 괜히 어깨에 뽕이 들어가 있을 정도였다. 현재 유럽가이드 이재현 JAY 후배는 동유럽 전체에서 가장 많은 매출을 올리고 있는 가이드로 지금도 계속 성장하고 있다.

바닥을 경험해 본 사람은 다시는 그 바닥을 느끼고 싶어 하지 않는다. 그래서 누구보다 더 절박하고 절실하다. 부자가 된 이 세 명의 공통점은 바로 가난을 벗어나고자 하는 '절실함'을 갖고 있었으며 '돈'이 목표였다는 것이다. 물론 돈이 인생의 전부는 아니지만, 돈이 주는 행복과 기쁨은 부정할 수 없을 것이다. '돈'이 주는 경제적 자유를 부정할 사람이 누가 있겠는가. 머리로는 '돈의 가치'를 이해하고, 가슴에는 '절실함'을 품고, 누구보다 성실하게 '몸'을 굴리며 노력한다면 부와 성공은 무조건 따라오는 기본 옵션이다. 당장 부자를 꿈꿔라! 당신도 부자가 될 수 있다. 그 부자가 되는 길에 영업이 한몫하길 영업인으로서 바랄 뿐이다.

EPILOGUE

"왕관을 쓰려는 자, 그 무게를 견뎌라."

영국이 낳은 세계 최고의 극작가 셰익스피어가 한 말이다. 왕관을 쓴 자는 명예와 권력을 가지는 대신 막중한 책임감도 따르니 이 모든 걸 견뎌내야 한다는 뜻이다. 영업에 발을 들여놓은 지 얼마 되지 않아 성과를 내기 시작했던 나는 아주 오래전부터 시기 어린 질투와 악의적인 험담에 속앓이를 해왔었다. 단지 내 분야에 최선을 다하며 최고가 되기 위해 열심히 노력했을 뿐인데 이런 상황을 맞이할 때마다 너무 화가 나고 억울했다. 천성이 모질거나 이기적이지 못해서 사람들에게 친절하려고 노력했고, 뭐라도 도와주려 했던 '착한 사람 콤플렉스'를 가지고 있는 나로서는 그런 상황들이 도무지 이해가 안 가서 스트레스가 최고조에 달했다. 나의 영업 노하우도 알려주며 나름 챙겨 줬던 동료가 나 없는 곳에서 '실력보다는 운이 좋다느니', '회사의 윗사람이 뒤를 봐주며 도와주고 있다느니', '잘난 척을 너무 하는 바람에 옆에서 보기 힘들다느니'하는 얼토당토않은 얘기를 주변 사람들에게 하고 다닐 줄은 상상도 못 하다가 우연히 알게 된 후로 엄청난 배신감에 치를 떨었던 적도 있었다.

모든 걸 차치하고 남들보다 나은 성과를 냈다는 것은 그만큼 남들보다 더 많은 노력을 했다는 것이며, 그렇기에 그 노력의 대가를 폄하해서는 안 된다고 생각한다. 잘나가는 사람들의 노력을 인정하며 성과를 존중하고 그것을 자신의 발전을 위한 자극제로 활용해야 마땅한데, 세상에는 그렇지 못한 사람들이 훨씬 많다. 모든 사람이 나를 좋아하게 만드는 것은 불가능한 일이라는 걸 알고 있지만 그래도 좋은 사람이 되기 위해 노력하고 있는 나로서는 힘 빠지는 일이 아닐 수 없었다.

대한민국에서 안티가 없기로 유명한 개그맨 유재석 씨가 장성규 아나운서와의 대화 중에 이런 말을 했다. '안티'는 말 그대로 '안티'라는 것이다. '안티(anti)'란 어떤 대상에 대해 반대하는 입장을 지닌 사람이라 뭘 해도 그냥 반대하고 비방하는 사람이니 그런가 보다 하라는 것이었다. 자신감이 없던 시절, 자신이 잘할 수 있는 프로그램에만 출연했더니 안티들은 꼴에 까탈스럽다며 비난하기 바빴다고 한다. 그런 반응에 소심해지고 눈치가 보여 그다음엔 다양한 프로그램에 출연하니 그때는 또 돈에 미쳐서 마구잡이로 나간다고 하더라며 당시의 억울하고 답답한 심정을 얘기했다. 그 과정에서 많은 걸 깨달았다는 그는 어차피 모든 사람의 입맛을 맞출 수 없고, 맞출 필요도 없으니 소신껏 자신이 하고 싶거나 옳다고 생각하는 일을 하라는 조언과 함께 진심을 전했다.

그 말이 진짜 맞다. 나를 이유 없이 싫어하는 사람도 있을 것이고, 나의 성과가 부러워서 맘에 안 드는 사람도 분명 있을 것이다. 실제로 계약을 한 고객들에게 최선을 다한다고 했지만 어떤 사람은 섭섭해하기도 했고, 날 욕하기도 했었다. 어차피 안티인 사람들은 내가 쉬고 싶어서 그들과 약속을 잡지 않으면 잘 나간다고 사람 무시한다며 비난할 것이고, 가정에 신경 쓰지 않고 영업한다고 돌아다니면 돈에 미쳐 가정을 등한시한다며 또 나를 욕할 것이다. 인간은 자신이 원하는 대로 생각하기 때문에 유재석 씨의 말처럼 그냥 그들은 욕하고 싶어 안달이 난 사람들이니 그런가 보다 하며 넘기면 된다. 그냥 남에게 피해를 주지 않는 한 자신의 뚜렷한 주관대로 열심히 살면 된다.

일찍이 신라 시대 원효대사가 해골 물에서 깨달은 바와 같이 '내 마음이 모든 것을 만든다, 즉 일체유심조(一切唯心造)'라고 했다. 조직에서 존재감이 없고 성과가 없는 사람에게 시기와 질투란 있을 수밖에 없지 않겠는가. 나를 시기하고 질투하는 사람이 많다는 건 그만큼 내가 성공했다는 걸 방증하는 것이니 이를 자연스럽게 받아들이면 될 것이다. 나를 싫어하는 사람이나 나를 욕하는 사람의 마음을 돌리기 위해 노력하는 대신 내가 중요하다고 생각하는 가치나 사람에게 더 큰 노력을 쏟는 것이 나의 발전을 위해서도, 나의 정신건강을 위해서도 백번 도움이 된다. 그래서 나는 나를 시기하며 '잘 난 척'한다고 느끼는 사람이 있다면 그들에게 '잘난 척'이 아니라 그냥 확실히 '잘 난 사람'이 되어 버리기로 했다. 못난 사람들의 시기와 질투가 따라오지 못할 정도로 말이다. 나는 오늘도 더 '잘 난 사람'이 되기 위해 뛸 것이다.

2023년 가을 정준교

소노호텔앤리조트 회원권

1. 회원권 분양을 재테크로 이용했을 때 전망은?

회원권 구매는 재테크 방법으로도 좋은 선택입니다. 레저 업계 회원권은 대체로 콘도회원권과 골프회원권 두 가지로 나누어집니다. 관광진흥법상 리조트나 골프회원권의 수량은 법적으로 정해져 있습니다. 즉, 주식과 비슷하게 정해진 수량의 분양상품이 모두 소진되면 구매하고 싶어도 할 수가 없답니다. 여행에 대한 니즈와 관심이 높아지는 요즘은 더더욱 리조트나 골프장의 인기가 높아지고 있어 원하는 사람들이 많아요. 그러다 보니 시장 논리에 따라 당연히 분양권의 가치는 높아지게 됩니다. 주변에서 골프회원권 가격이 많이 올랐다는 이야기를 들어보셨을 겁니다. 매수하는 사람들이 많아지면 시세가 높아지기 때문에 회원권은 재테크로써 가치가 있다고 말씀드릴 수 있습니다만, 얼마만큼의 수익을 올릴 수 있는지는 장담할 수 없어 골프회원권과 콘도회원권의 투자가치는 뒤에서 좀 더 구체적으로 말씀드리겠습니다.

2. 돈이 많지 않은데… 돈 없는 사람이 회원권 사는 법?

안타깝지만 돈 없이 회원권을 사는 방법은 없습니다. 리조트 숙박이라는 복리후생 혜택을 제공하는 법인회사에 재직 중인 지인을 찾거나 개인적으로 회원권을 소유하고 있는 사람에게 부탁하는 방법 말고는 없습니다. 더 좋은 방법을 알려 드릴까요? 저와 친하게 지내면 회원권이 없어도 그 혜택을 누릴 수 있지요.^^ 금액이 천차만별이지만 사실 리조트 회원권이나 골프회원권은 대부분 여유가 있는 분들이 많이 구매하는 게 사실입니다. 큰 금액이다 보니 회원의 결제 부담을 덜어 주기 위해 리조트 회사에서 마련한 카드 결제 또는 분할 납입과 같은 방법으로도 계약이 가능하답니다.

3. 회원권 만기환급이란?

리조트 회원권과 골프회원권은 개념 자체가 크게 다릅니다만, 공통적인 것은 둘 다 만기환급이 가능하다는 것입니다. 리조트 회원권은 보통 10년 또는 20년 후에 원금 100% 반환이 가능하며, 골프회원권은 3년, 5년, 10년, 20년 등 만기 날짜가 회사마다 다양합니다. 즉, 만기환급이란 고객이 낸 비용을 만기가 되는 시점이 되면 100% 반환해 주는 일종의 전세 개념의 계약이라고 보시면 됩니다. 그리고 그 기간 동안에는 회원으로서의 권리를 얻어 회사가 정해놓은 예약 보장과 할인 및 무료 혜택 등을 받으실 수가 있는 겁니다. 리조트 회사는 특이하게도 만기 반환 형태로 판매를 하면 할수록 재무재표상 부채가 됩니다. 다른 형태로의 계약은 공유제(등기제)라고 하여 매매 형태의 조건으로 성사되는 걸 말합니다. 이 경우의 계약은 리조트 회사의 매출로 잡힌다는 거 알아 두세요.

4. 직원 100명 정도의 법인회사에 추천해 줄 상품은?

소노호텔앤리조트를 포함한 대부분의 메이저 브랜드의 리조트 회원권은 1구좌 계약 시 보통 연간 30박을 회원가로 사용할 수 있는 권리를 가집니다. 간단한 계산법으로는 100여 명의 임직원이 연간 3박 정도를 쓴다고 한다면 총 300박이 나옵니다. 1구좌가 30박이니 10구좌는 계약을 해야 대략 300박을 사용할 수가 있겠지요. 회사마다 사용할 수 있는 복리후생 예산이 각각 다르기에 첫해에는 3~5구좌 정도 먼저 계약을 해서 1년 이상 사용해 보고 추가 계약을 하는 방법을 추천해 드립니다.

5. 회원권으로 인해 직원 복리후생이 좋아진 사례는?

여행이나 레저에 대한 니즈가 커지면서 펜션이나 크고 작은 호텔 및 리조트들이 아주 많이 생겨나고 있습니다. 그래서 인터넷이나 각종 여행 앱 및 소셜 미디어 등 조금의 노력만 기울이면 갈만한 숙소를 찾는 게 그리 어려운 일은 아니지요. 그래서 리조트 회원권이 있다는 복리후생 혜택이 큰 메리트가 없어 보일 수도 있습니다.

하지만 리조트 회원권은 성수기에 엄청난 위력을 발휘합니다. 우리나라는 휴가철이나 연휴, 명절 등 여행을 가기 위해 사람들이 몰리는 성수기 날짜들이 거의 정해져 있다는 특성이 있습니다. 즉, 어떤 숙박 형태이든 간에, 성수기에 예약하기란 '하늘에 별따기'라는 말입니다. 하지만 리조트 회원권은 한꺼번에 사람들이 몰리는 연휴 및 성수기에도 미리 날짜를 선점해 둘 수 있는 예약 규정이 있으며, 극성수기에도 임직원들이 납득할 수 있는 수준의 비용으로 이용할 수 있다는 장점도 있습니다.

또한, 정하기 나름이지만 그룹 및 개인 업무 포상 및 장기

근속 포상 등의 명목으로 객실을 지원해 주는 회사들도 굉장히 많이 있어 조직을 끌어나가는 것에 있어 이런 리조트 지원 혜택이 일조한다는 데 동의하는 오너도 많답니다. 게다가 법인회사 오너의 입장에서는 분양대금은 물론 객실 비용까지도 증빙을 통해 '비용처리'할 수 있어 더없이 좋은 복리후생 아이템으로 손색이 없답니다. 리조트 회원권은 직원 사랑의 실천임을 꼭 기억해 주세요!!

6. 국내 여행에 제일 추천하는 코스가 있다면?

설악산의 절경을 한눈에 감상할 수 있는 '델피노 리조트'를 강력 추천합니다. 특히나 최근 오픈한 '소노펠리체 델피노' 동의 객실에서는 스위스 부럽지 않은 풍경을 만끽할 수 있거든요. 날씨 운까지 받쳐 준다면 고층 객실에서 편하게 눈 덮인 울산바위의 환상적인 설경까지도 볼 수 있답니다.

또한, 소노펠리체 델피노 동의 옥상에는 365일 운영하는 루프탑 수영장, '인피니티 풀'이 운영되고 있는데요. 사계절 내내 가동되는 온수 풀이라 추운 한겨울에도 울산바위의 멋진 풍경과 반대편 동해의 푸른 바다를 바라보며 수영을 즐길 수 있어요. 전국에서 손꼽히는 몇 안 되는 '뷰 맛집'이라 해도 손색이 없답니다.

또 하나의 장점! 소노펠리체 델피노 모든 객실에는 돌로 만든 큰 욕조가 비치되어 있답니다. 게다가 온천리조트로써 모든 객실에 온천수가 나오지요. 3시간은 족히 물을 틀어 두어야 가득 차는 큰 욕조에 몸을 담그면 그동안 쌓인 스트레스와 피로가 한방에 풀리겠지요. 오픈한 지 얼마 되지 않은 깨끗한 온천수 워터파크를 아이들이 너무 좋아한다는 사실도 빼놓을 수가 없겠군요. 게다가 행정구역상 고성군에 위치해 있어 아이들 놀기에 최고인 고성 아야진 해수욕장도 굉장히 가깝고, 근처 어마어마한 오션뷰를 가진 '하늘정원'이라는 카페도 꼭 들려야 하는 필수 코스랍니다. 아야진 항구 쪽은 물론 리조트와 그리 멀지 않은 곳인 속초 대포항에 즐비한 회센터를 이용해 싱싱한 회 한 접시 먹는 것도 여행의 별미겠지요.

7. 만기 기간이 긴 20년 회원권의 혜택은?

리조트 회사마다 규정이 다르지만, 대부분의 상품은 20년 만기를 기본으로 하며, 계약 시 20년 동안 객실은 회사가 정해놓은 회원요금으로, 워터파크나 스키 리프트 등의 부대시설은 약 30~50% 안팎으로 할인을 해준답니다. 게다가 신규 계약일 경우는 2년 또는 4년 정도 무료로 이용을 할 수 있도록 해주거나 추가 할인을 제공해 주기도 하지요. 이 경우에는 객실도 회원가에서 추가 30% 또는 50% 할인해주며, 워터파크나 스키 리프트와 같은 부대시설 등은 무료로 이용하실 수 있습니다. 계약하는 시점에서 할인 및 무료 혜택이 정해지고 추후 추가되는 할인이나 무료 혜택이 제공되는 것은 리조트마다 다를 수 있으니 각각 챙겨 보시기 바랍니다.

8. 회원권을 사야 할 세 가지 이유?

리조트 회원권이 가지고 있는 많은 장점 중 첫 번째는 단연 예약 보장일 것입니다. 우리나라에 많은 리조트 회사들이 있지만 그중 소노호텔앤리조트는 전 지역에 가장 많은 직영 리조트를 보유하고 있기 때문에 이용할 수 있는 리조트가 많은 것이 가장 큰 메리트입니다. 게다가 개인 명의로 계약하는 사람들이 선호하는 20년 또는 10년 만기 반환 회원권(멤버십) 계약을 하면 원금 100% 반환도 되면서 그 계약 기간에는 저렴하게 모든 시설을 회원가로 이용할 수 있기 때문에 여행에 관심이 많고 여윳돈이 있다면 안 할 이유가 없다고 생각합니다.

두 번째 이유는 맞춤형 추억 남기기가 가능하다는 것입니다. 특히 초등학생 자녀가 있는 가정에 제일 필요한 상품이 아닌가 싶을 정도로 어린이들에게 인기가 높은 숙소입니다. 자녀들이 어릴 때는 부모의 여행 성향보다는 아이들의 니즈에 초점을 맞추게 됩니다. 활동량이 넘치는 초등생 이하의 자녀들이 가장 선호하는 레저가 워터파크에서 수영을 하거나 스키장에서 보드나 스키를 타는 것이죠. 부모와 함께 시간을 많이 보내고 추억을 만드는 것이야말로 학원 몇 개 더 가는 것보다 행복한 선택이라고 생각합니다.

더불어 60대 이상의 은퇴한 분들에게도 리조트 회원권은 즐거운 노후를 보낼 수 있도록 해주는 좋은 방법 중 하나지요. 노년이 되었을 때 배우자 또는 지인들이나 손자 손녀들과 함께 만드는 추억이 얼마나 행복한 추억을 만들어 주겠습니까? 자녀 명의로 계약을 한 후 손자, 손녀, 며느리, 사위 등을 회원으로 등재하여 함께 이용하는 경우가 많은 걸 보면 그 마음이 느껴지지요.

마지막으로 직원 사랑을 실천할 수 있게 해준다는 것입니다. 법인 명의 계약 시 공유제(등기제)라 하여 매매 형태의 계약이 이루어지는데, 임직원 복리후생으로 분양금액과 객실 요금은 법인 비용처리로 가능한데 이런 일석이조의 혜택을 마다할 오너는 없겠지요. 대표이사는 법인 자금으로 회원권을 구매하여 임직원 복리후생 제도를 탄탄하게 만들고 비용처리도 할 수 있으니 금상첨화죠.

> **TIP** 요즘은 '사내근로복지기금'이라는 사업자를 만들어 구매하기도 하는데 회원제(보증금)로 구매해도 비용처리가 되니 잘 알아보세요.

9. 골프와 리조트가 결합된 제일 좋은 상품은?

바로 '이그제큐티브 클럽' 회원권입니다. 혜택만 놓고 보면 안 할 이유가 없는 회원권이죠. 출시한 지 얼마 되지 않은 회원권인데 가장 좋은 혜택은 조식이 평생 무료, 사우나, 피트니스, 수영장, 커피 라운지 등도 평생 무료라는 점입니다. 전 지역의 20~30평형 패밀리스위트 객실과 럭셔리노블리안급의 40평형대까지 마음껏 예약할 수 있고 골프도 기존 회원권보다 10~20% 추가 할인됩니다. 가격도 6~9천만 원의 분양가에 20년 만기 상품이라 가성비 차원에서도 꽤 높은 점수를 주고 싶네요.

신규 계약 시 추가 혜택으로 5성급 호텔 소노캄 여수와 고양 호텔을 2박까지 사용 가능한 숙박권과 호텔 석식 뷔페 2장까지 제공된다고 하니 얼마나 좋습니까? 게다가 3~5년 동안은 객실도 회원가에서 추가로 30~50% 할인이 되고, 워터파크 및 스키 리프트, 골프 그린피 무료 등의 혜택도 본인이 원하는 대로 선택할 수 있답니다. '이크제큐티브 클럽' 회원권은 당사보다는 고객에게 실질적인 혜택이 많은 회원권으로, 2023년 여름에 완판하는 것을 목표로 두고 있는데 마감되면 신규로 계약은 불가능하니 빨리 보유하는 것이 좋을 것 같습니다.

10. 보람된 순간을 느꼈던 세 가지 사례?

첫째, 날 찾는 사람이 많아 내가 누군가에게 필요한 존재라는 걸 느낄 때입니다.

주변의 지인들 중 회원권이 없어 리조트 예약을 부탁하는 사람들이 아주 많습니다. 공식적으로 회사 사번을 활용해 회원요금 수준으로 예약을 해줄 수도 있지만, 무기명 회원의 동의하에 무기명 회원권을 활용해서 예약을 도와주는 경우가 많습니다. 필요한 지역과 날짜에 직원 추천가격 또는 회원요금으로 예약을 도와줄 수 있어 나를 아는 사람들에게 '리조트/콘도 삼촌'이라 불리며 늘 필요한 존재가 된다는 건 아주 뿌듯한 일입니다. 이렇게 예약을 해주는 것 자체는 직접적인 돈을 버는 일이 아닌 시간을 뺏기는 일이지만 대신 너무나도 소중한 인연을 얻을 수 있어 너무 좋습니다.

둘째, 리조트 회원권으로 가족 사랑을 실천할 수 있을 때입니다.

인간은 누구나 쉬고 싶고 가족과 함께 여행하고 싶어 하지요. 계약한 고객들과 소통하며 예약을 도와주고 나서 그들이 여행을 다녀온 후의 느낌을 피드백 해줄 때 가장 보람을 느끼는 것 같습니다. 저 덕분에 즐거운 여행이 되었다고 해주시면 그렇게 뿌듯할 수가 없습니다.

저는 고객들이 편안하고 즐거운 여행을 하실 수 있도록 예약을 도와주는 사람이지만 역으로 이런 업을 하고 있기 때문에 우리 가족도 많은 혜택을 누릴 수 있어 너무 뿌듯합니다. 우리 가족은 대부분 유명한 다른 리조트나 호텔들을 방문하는데 여행을 좋아하는 우리 부부의 성향에도 맞았지만 '레저 컨설턴트'라는 직함에 맞게 다양한 리조트를 경험하는 것이 업무를 하는 데에도 큰 도움이 되었습니다.

셋째, 인맥왕이 된 것 같아 뿌듯할 때입니다. 회원권을 구매하는 대부분이 어느 정도 경제적으로 여유가 있는 사람이거나 회사의 대표이사나 인사총무 구매 부서의 실무자입니다. 회원권을 계약하게 되면 회원권 담당자로서 예약 방법 안내는 물론 해당 지역 리조트 인근의 맛집이나 관광지 등의 정보도 제공하면서 그들과 돈독해짐을 느낄 수 있습니다.

특히 우리나라 연휴나 성수기, 골프 시즌 등 예약이 어려운 날짜에 객실 예약이나 골프부킹 등의 서비스를 성사시켜 주면 회원님들께서는 제가 그분들의 레저생활에 없으면 안 되는 든든한 배경이 되는 셈이지요. 그런 이유로 이름만 말하면 알만한 연예인, 정치인부터 큰 기업의 오너, 여러 전문직 등의 회원님들과 좋은 인간관계를 만들면서 '아~리조트 회사에서 일하길 잘했구나'라는 생각을 하며 보람을 느낄 때가 많답니다.

> **11. 판매 실적 1위를 7년간 하고 있는 지금, 제일 중요하게 생각하는 영업 마인드는?**

영업은 꾸준함! 즉, 습관이 가장 중요합니다. 최근 3년간은 평균 100억 정도의 매출을 달성하였고 그전 4년간도 매년 평균 50억 정도의 분양권 매출을 달성하였습니다. 계약이 광고 마케팅을 통해서 거의 나온다고 생각하는데 'VCP 법칙 (Visibility : 아는 단계, Credibility : 신뢰 단계, Profitability : 수익 단계)'이라고 오프라인과 온라인으로 자신을 자주 노출하면 상대방이 나를 자주 접하게 되고, 그러다 보면 신뢰가 생기고 그 신뢰가 쌓여서 결국 수익(계약)이 된다는 말도 맞지요. 그렇지만 저의 높은 계약률은 고객들을 꾸준히 잘 관리한 덕분이라고 생각합니다. 한번 상담한 고객은 절대 그냥 두는 법이 없고, 한번 계약한 고객은 영원한 고객이라는 마음으로 그들을 성심성의껏 관리한다는 것입니다.

게다가 저는 13년 동안 'BNI'라는 비즈니스 조찬 모임에 매주 빠짐없이 참석하고 있습니다. BNI 플랫폼은 현재 전 세계에서 가장 활동적인 비즈니스 모임으로, 한국에서도 점점 규모가 커지고 시스템 또한 좋아지고 있지요. 그 모임 안에서 저는 누구 못지않게 적극적인 활동을 하고 있습니다. 오랜 활동을 하다 보니 자연스럽게 '정준교는 성실하다'라는 타이틀이 생겼고 그러한 입소문 덕분에 저의 평판도 좋아졌답니다. 꾸준히 참석한 덕분에 이미지 포지셔닝이 너무 좋게 만들어졌다고 볼 수 있겠지요.

또한, 13여 년 동안 상담을 했던 고객들에게 매달 상품 안내 및 안부 문자도 꾸준히 보내며 저를 알리고 있으며, 이메일 주소를 모아 매주 리조트 회원권 정보와 레저업계 정보 및 경제 동향을 주간지 식으로 보내고 있답니다. 정말 귀찮은 일이지만 다가올 미래를 위해 4,000여 명에게 단체 문자, 그리고 3,000여 명의 고객들에게 이메일을 보내고 있지요. 업계 영업매출 1위라는 타이틀이 있어도 비즈니스에 있어서는 일관된 언행이 꾸준하게 있어야 신뢰를 바탕으로 높은 계약률을 이어갈 수 있다고 생각합니다. '낙숫물이 바위를 뚫는다.'라는 말이 있지요. 떨어지는 한낱 물방울이 바위를 뚫을 수 있는 이유는 그 힘이 아닌 꾸준함 때문이라는 걸 꼭 기억했으면 합니다.

1위의 삶

발행 2023년 9월 27일 초판 1쇄
　　　2023년 10월 11일 초판 3쇄

저　　자	정준교
글 수 정	박선정
발 행 처	상상력집단
발 행 인	송진혁
주　　소	경기도 수원시 영통구 영통로237 에이스하이엔드타워 819호
전　　화	1644-2018
이 메 일	ss2443515@illusionists.co.kr
등록번호	제2023-000049호

@2023, 상상력집단 all rights reserved

정가 : 18,000원

ISBN : 979-11-978400-2-9　03320

* 이 책의 어느 부분도 저작권자나 발행인의 승인 없이 무단 복제하여 이용할 수 없습니다.
* 파본 및 낙장은 교환하여 드립니다.